# Inhaltsverzeichnis

Vorwort 7
Danksagung 10
Einleitung 11

1. Kapitel
**Was ist Reiki?** 15
Die Geschichte des Usui-Systems des Reiki 17
Wissenschaftliches 31
Erfahrungen mit der Universellen Lebensenergie 33

2. Kapitel
**Der Weg zu Reiki** 25
Warum kommen Menschen zu Reiki? 35
Die Ängste 37
Die Vorbereitung auf den 1. Reiki-Grad 39
Geld und Reiki 41

3. Kapitel
**Der 1. Reiki-Grad** 46
Das Seminar 46
Was passiert während der Einweihungen? 49
Warum die Augen schließen? 50
Warum ist das Einweihungsritual geheim? 51
Welche Kräfte werden durch die
   1. Grad-Einweihung vermittelt? 51
Wie das persönliche Wachstum durch Reiki
   angeregt wird 53
Die praktische Arbeit mit den Reiki-Lebensregeln 56
Übungen zu den einzelnen Regeln 57

| | |
|---|---|
| Die Reiki-Meditation der Dankbarkeit | 76 |
| Entwicklungsanreize, die Dir die Anwendung der Fähigkeiten des 1. Grades bieten | 77 |
| Machtansprüche aufgeben | 81 |
| Die ewigen Gesetze des Energieaustauschs | 83 |
| Die Entscheidung für den 2. Grad | 86 |
| Zusammenfassung | 87 |
| Einige Merksätze für den Umgang mit dem 1. Grad | 88 |

4. Kapitel
**Der 2. Reiki-Grad** 90

| | |
|---|---|
| Warum kommen Menschen zu einem 2. Grad-Seminar? | 90 |
| Die Ängste | 91 |
| Das Seminar | 92 |
| Die Werkzeuge des 2. Reiki-Grades | 94 |
| Umwelt-Reiki | 108 |
| Das persönliche Wachstum durch den 2. Grad | 115 |
| Übungen für das persönliche Wachstum mit den Methoden des 2. Grades | 119 |
| Zusammenfassung | 121 |
| Merksätze zum 2. Grad | 123 |

5. Kapitel
**Der 3. Reiki-Grad** 125

| | |
|---|---|
| Warum will ein Mensch Reiki-Meister werden? | 125 |
| Die Wachstumsmöglichkeiten mit dem 3. Reiki-Grad | 132 |
| Die Seminare | 133 |
| Deine Schüler – Deine Spiegel | 135 |
| Die Reiki-Arbeit für Dich | 139 |
| Zusammenfassung | 140 |
| Nachsatz | 141 |

**6. Kapitel**
**Und weitere Grade?** 143
Ein 4. Grad 144

**7. Kapitel**
**Nochmals: Reiki als Selbstfindungsweg** 147
Die Grade 147
Reiki als Selbstfindungsweg 148
Wie Reiki das persönliche Wachstum anregt 149
Wahrheit – Liebe – Erkenntnis 149
Der persönliche Einsatz 150
Das Lustprinzip und die harmonische Entwicklung 151
Reiki und Bewußtwerdungsprozesse 151
Ergänzende Methoden zur Öffnung für Reiki 152
Der Sinn der Grade 153
Die Art und die Geschwindigkeit
   persönlichen Wachstums 154
Die Stufen des Wachstums 155
Erleuchtungssituationen 156
Reiki und Erleuchtung 157
Nachtrag 158

**Anhang I**
Kurze Einführung in die Chakrenlehre 159
Was sind Chakren? 159
Lage und Aufgabe der Hauptchakren 160
Die "Öffnung" der Chakren 163
Die Energiekörper und ihre Beziehungen
   zum Chakrensystem 163
**Anhang II**
Adressen 165
Kommentierte Bibliographie 166

# Vorwort

Am Anfang schuf Gott Himmel und Erde. Und die Erde war wüst und leer und es war finster auf der Tiefe und der Geist Gottes schwebte auf dem Wasser. Und Gott sprach: Es werde Licht! Und es ward Licht!

So beginnen die ersten drei Verse der Schöpfungsgeschichte. Die Genesis ist bereits von vielen Menschen versucht worden zu deuten, doch es blieb bisher nur ein Versuch, denn jeder konnte nur soweit eine Deutung formulieren wie es sein eigener Erkenntnisstand zuließ. Die wirkliche Tiefe dieser Geschichte wird wohl noch für sehr lange Zeit ein Geheimnis bleiben – oder?

Was hat nun die Schöpfungsgeschichte mit dem vor Ihnen liegenden Buch zu tun? Der Autor benutzt in seinen Texten auch Begriffe wie z.B. Gott, Licht, Lebensenergie, Energieübertragung auf Materie und unternimmt damit den gelungenen Versuch, die Reiki-Energie zu erklären. An diesen wenigen Begriffen bauen sich nun die Fronten der Weltanschauungen auf. Für das alte wissenschaftliche Denken ist hier Schluß und für die neuen Zeitgeister beginnt hier das Suchen. Für die allermeisten Menschen sind diese Dinge zur Zeit noch so unerklärlich wie die Schöpfungsgeschichte. Die grundlegende Qualität von Reiki ist nach Auffassung des Autors die Wahrheit, göttliche – das heißt allumfassende – Liebe und Erkenntnis. Alle Menschen trachten im tiefsten Herzen nach reiner Wahrheit und Liebe und daher ist dieses Buch eine wunderbare Herausforderung, einen Weg von vielen Wegen zu gehen. Der Autor beantwortet viele Fragen, die auch wir in der täglichen Praxis immer wieder gestellt bekommen. Besonders gut finde ich die offene Informationsmitteilung auch über unbequeme Fragen, wie z.B. Reiki u. Geld, eigene Aggressionen, Machtansprüche und warum ich eine Reikieinweihung haben möchte.

Der Weg des Reiki ist eine Möglichkeit, die Liebe Gottes

unmittelbar zu spüren. Dann benötigt man keine intellektuelle Erklärung mehr über Energie oder Liebe; es gibt sie einfach. Diese Erfahrung kann aber nur jeder Mensch selbst machen. Ich persönlich habe mit meiner Frau zusammen die erste Reikieinweihung vor 5 Jahren bekommen und wir haben viele tiefe persönliche Erfahrungen gesammelt. Ich könnte nun eine Fülle von Beispielen aufzeigen, die viele Mitglieder des Reiki-Hilfsringes erfahren haben, aber man muß es selbst erleben, um nicht zu zweifeln. Eigene Erlebnisse können jedoch nur erfahren werden, wenn ich lebe, und Leben heißt sich bewegen, sonst werde ich gelebt und bewegt. Die Masse der Menschen hat sich schon schon viel zu lange bewegen lassen und daher trägt jeder von uns seinen Teil der Last der Vernichtung des Planeten Erde mit sich herum. Wenn wir endlich begreifen würden, daß jede Materie mehr ist als bloß Materie und das Ganze mehr als die Summe der Einzelteile, hätten wir es auch viel einfacher, Energien wie z.B. Reiki zu verstehen.

Möge dieses Buch einen Anstoß geben, bereit zu sein für neue Erfahrungen, um sich dann Stück für Stück aus dem Gelebtwerden zu befreien.

Hans-Jürgen Regge
Gründer des Reiki-Hilfsringes

Hamburg, 30. Dez. 1990

# WIDMUNG

Für meine Shakti Manu

# DANKSAGUNG

Ich danke den vielen Menschen, die die Welt anders sehen als ich und den Mut hatten und haben, sich mit mir darüber auseinanderzusetzen. Ihr helft mir damit, die vielen Facetten der Schöpfung zu sehen und zu erfahren.

Besonders zu Dank verpflichtet bin ich in Bezug auf dieses Buch Renate Lorke und Wolfgang Grabowski, die mir bei meinen Wachstumsprozessen halfen, mit meinen Füßen auf den Boden und mit meinem Bewußtsein ins Herz zu kommen. Manfred Steiner, meinem Chinese Boxing-Meister, der mir zeigte, daß Spiritualität ohne praktischen Nutzen wertlos ist, und mir durch sein Beispiel vorlebte, wie ein Meister lehrt. Phyllis Lei Furumoto danke ich für ihr Beispiel an liebender, einender Kraft; Brigitte Müller, meiner Reiki-Meisterin für die vielen Denk- und Fühlanstöße; Vera Suchanek, die mir zeigte, wie es ist, wenn ein Mensch Liebe um sich verbreitet und meinen Katzen-Lebensgefährten Cinderella und Bagheera für ihre Lebendigkeit und Eigensinnigkeit.

# EINLEITUNG

Während der Jahre in denen ich mich intensiv mit dem Usui System des Reiki beschäftigt und auseinandergesetzt habe, ist mir immer klarer geworden, daß Reiki ein wunderbarer Weg zur Selbstfindung und Entfaltung der Persönlichkeit sein kann.

Die Reiki-Energie regt den Körper im ganzheitlichen, natürlichen Sinne zur Heilung an. Sie hilft, blockierte Gefühlsenergien, die in Form von Muskelpanzern angelegt wurden, zu befreien und dem Menschen wieder zur Verfügung zu stellen. Reiki hilft dadurch eine intensive Entschlackung auszulösen, die, wenn sie durch eine geeignete Ernährung unterstützt wird, tiefgreifende organische Erneuerungsprozesse einleiten kann. Diese beiden Wirkungen sind die Voraussetzung für die darauffolgende »Auffüllung« der Körperstrukturen mit der Universellen Lebensenergie, die hilft, Wachstumsprozesse auf allen Ebenen auszulösen.

In meinem »Reiki-Handbuch« standen diese beiden Prozesse im Vordergrund. Vor der Heilung des Geistes steht die Heilung des Körpers, denn dieser ermöglicht die Inkarnation auf der materiellen Existenzebene und bietet dem mit ihm verbundenen Geist die Möglichkeit, von hier aus zum Licht, zum Göttlichen zu streben. Doch wenn die grundlegenden körperlichen Disharmonien aufgelöst sind, kann bereits die Auflösung der geistigen Problemstrukturen beginnen.

Die Reihenfolge der Vorgehensweise ist auf dem Reiki-Weg ganz ähnlich der einer traditionellen Yoga-Schulung. Auch in dieser alten spirituellen Tradition wird erst die Gesundung der körperlichen Ebene, zum Beispiel durch Asanas (Körperarbeit) und Pranayama (Atemarbeit), eingeleitet, um dann langsam zur spirituellen Entwicklung überzuleiten. Der Reiki-Weg hat zwar viele Aspekte, die ihn deutlich von Yoga unterscheiden, aber die dahinterliegenden Strukturen sind die gleichen. Beide versuchen ja den Menschen mit Gott in Kontakt zu bringen.

Wer nicht nur die gesundheitsfördernden Wirkungen der Reiki-Kraft auf der körperlichen Ebene kennenlernen will, sondern sich auch zu Reiki, dem Weg der heilenden Liebe als Methode der Persönlichkeitsentwicklung hingezogen fühlt, braucht über die praktische Beschäftigung mit der Universellen Lebensenergie hinaus noch die geistige Beschäftigung mit den Prinzipien der Liebe, der Freiheit, der Eigenverantwortlichkeit, der Wahrheit und den Gesetzen des wachstumsfördernden Energie-Austausches (siehe 3. Kapitel).

Mikao Usui erkannte die Wichtigkeit dieser geistigen Lehren und Gesundungsprozesse ziemlich bald nach den ersten praktischen Erfahrungen mit der heilenden Reiki-Kraft und stellte daraufhin die bis heute überlieferten fünf Lebensregeln auf (siehe 1. und 3. Kapitel).

Mir selbst hat es zu Anfang einige Schwierigkeiten bereitet, den Sinn und den praktischen Nutzen dieser kurzen Sätze zu verstehen und praktisch anzuwenden. Erst später entdeckte ich den Sinn der Regeln für die drei Grade. Ähnlich verhielt es sich mit den grundlegenden geistigen Entwicklungsmöglichkeiten der drei Reiki Grade. Jeder von ihnen bietet Dir ganz bestimmte Wachstumsanreize und spricht eigene Themen an. Beschäftigst Du Dich mit Ihnen, sammelst Erfahrungen und nimmst so mit der Zeit Deinen eigenen Standpunkt ein und Dich damit an, so schaffst Du Dir damit ein festes Fundament für die Lernmöglichkeiten des nächsten Grades. Selbstverständlich kannst Du auch den 2. Grad machen, ohne den 1. als Chance der Persönlichkeitsentfaltung voll genutzt zu haben. Die Einweihung funktioniert immer.

Reiki kann auch als ganzheitliche, natürliche Heilungs- und Entspannungsmethode verwendet werden, ohne daß Du Dich auf bewußte Selbstfindungsprozesse einlassen mußt. Die Reiki-Techniken und Energien haben auch dann eine Wirkung. Aber in diesem Fall ist Reiki 'nur' eine sehr wirksame Heilungsmethode für den Körper. Die weitergehenden Entwicklungsprozesse erschließt Dir nur die Beschäftigung mit Deinen geistigen Strukturen, die natürlich bei jedem unterschiedlich sind. Reiki fördert diese Individualität und hilft Dir, Deinen eigenen Weg zu finden. Gehen aber mußt Du.

Reiki, Yoga, Meditationsmethoden und andere Techniken helfen jedem Menschen zu leben, aber sie ersetzen das Leben nicht. Wer keine Erfahrungen macht, kann keine verarbeiten. Wer nicht neugierig auf die Welt ist, wird nichts lernen können. Wer an alten Mustern festhält, kann nicht wachsen. Es gibt keine Patentrezepte, wie "In 30 Tagen mit Reiki zur Erleuchtung". Aber es gibt schon einen roten Faden, der sich durch alle Grade zieht und an dem sich die Schüler der verschiedenen Einweihungsstufen orientieren können.

Meine Absicht ist es, Dir das, was ich von dem Reiki-Weg sehe und erfahren habe, zu zeigen und Dir damit Anregungen für eigene Entwicklungen zu geben. Es ist, glaube ich, leichter einen Weg zu gehen, von dem man eine Skizze bekommen hat, als einen, von dem man fast gar nichts weiß.

Wenn Du überlegst, Dich auf diesen Weg einzulassen, lies Dir in Ruhe das Buch durch und mach Dir zu meinen Ansichten Deine eigenen Gedanken. Schau Dir an, was für Dich passen könnte und probiere es aus. Versuche auf keinen Fall, Dich nur nach meinen Meinungen auszurichten. Du hättest dann eine Menge leere Lehrsätze über Reiki in Deinem Kopf. Setz Dich mit den Gedanken zu den einzelnen Graden auseinander und vergiß nicht, Dich hinterher wieder zusammenzusetzen.

Falls Du schon einen Reiki-Grad hast, vergleiche Deine Erfahrungen und die Schlüsse, die Du daraus gezogen hast, mit meinen. Vielleicht (ich hoffe es) ist etwas Wichtiges für Dich dabei. Vielleicht helfen Dir die Übungen, einen Aspekt Deiner Persönlichkeit besser zu verstehen, ihn lieben zu lernen und damit ein Stück freier zu werden.

Die drei wichtigsten Energien im Reiki-System sind die der Wahrheit, der Liebe und der Freiheit. Alles, was Dich dazu führen wichtigste Essenz von diesen Dreien ist für mich aber die Liebe. Die Liebe Gottes, der uns die Freiheit gegeben hat, unsere eigenen Erfahrungen zu machen, und damit zum lebendigen Wachstum des Universums in seiner Gesamtheit beizutragen.

Ich habe meine Ideen zum Reiki-Weg aus meinen Erfahrungen mit den drei Graden, verschiedenen Meditationsformen, inneren Kampfkünsten, wie Tai Chi Chuan und Aikido und bestimmten spirituellen Erlebnissen, die mich sehr geprägt haben, gewonnen. Die langen Jahre einer Gruppen- und Einzeltherapie haben mir dabei geholfen, meine Erfahrungen mit etwas weniger verklärten Augen zu sehen und die Machtspiele, die ich mit ihrer Vermittlung betreibe, wahrzunehmen. Von den vielen Wegen, die ich kennenlernen durfte, hat sich Reiki als der für mich passende herausgestellt. Ich möchte ihn nicht mehr missen und wünsche mir, daß er Dir ähnliche schöne Erfahrungen schenkt wie mir. Dies ist einer der wichtigsten Gründe für die Entstehung dieses Buches. Ein anderer ist, mir selber auf dem Weg weiterzuhelfen, indem ich das, was ich mit Reiki erlebt habe, aufschreibe.

Wenn Du so willst, ist dieses Buch eine Art Tagebuch meiner eigenen Entwicklung. Und nun viel Spaß beim Lesen und Hineinfühlen in den Reiki-Weg der heilenden Liebe.

Dein

# 1. Kapitel

# Was ist Reiki?

Bevor ich näher auf Reiki als Selbstfindungsweg eingehe, möchte ich Dir noch etwas über die Vergangenheit der Reiki-Bewegung erzählen, sowie einige Ergebnisse von wissenschaftlichen Forschungen über diese Energie und ein paar wichtige Erfahrungen mit Reiki wiedergeben. Meiner Ansicht nach lassen sich auf diese Weise die Eigenheiten des Reiki-Weges besser verstehen.

»Historisches« Reiki gibt es seit vielen tausend Jahren. Buddha und wahrscheinlich auch Jesus heilten damit, und in Tibet und Indien gibt es Anklänge an Reiki in der Geschichte des spirituellen Wissens.

Einige Bereiche des 2. Grades und des Meister-Wissens legen den Schluß nahe, daß die Kahunas Polynesiens mit Reiki gearbeitet haben. Von dort, aber auch von Indien aus, läßt sich die Spur nach Ägypten zurückverfolgen und möglicherweise zurück bis nach Atlantis.

Die Übertragung spiritueller praktischer Fähigkeiten durch Einweihungen, die von einem dazu ausgebildeten Menschen gegeben werden, gibt es heute auch noch in anderen spirituellen Systemen. So zum Beispiel im Kriya-Yoga, der Transzendentalen Meditation, der Übertragung von Shaktipad zur Erweckung der Kundalini bei den Yogis und auch bei den Sufis, deren Einweihung "Übertragen von Baraka" genannt wird.

Die dadurch hervorgerufenen persönlichen Entwicklungen sind sehr unterschiedlich. Ebenso die Kräfte, die so übertragen werden. Der gemeinsame Nenner scheint mir zu sein, daß ein Mensch im Grunde seines Wesens näher zu Gott kommt. Diese Annäherung läßt sich nicht durch Übungen oder Entbehrungen erreichen. Sie ist eine Hilfestellung Gottes, die wir Menschen brauchen, um in direkten Kontakt zu ihm zu kommen, wenn wir uns dafür entschieden haben, seine Nähe zu suchen.

Diese Einweihungen sind also im Grunde ein Geschenk. Im Neuen Testament wird der Sinn der Einweihungen in der Taufe Jesus durch Johannes den Täufer deutlich. Jesus brauchte im Grunde diese Energieübertragung nicht. Er war Gottes Sohn. Trotzdem bat er aus freiem Willen um die Gnade der Taufe. Erst aus dieser Entscheidung heraus wurde er mit dem Heiligen Geist gesegnet, denn er hatte sich selbständig für die Nähe zu Gott entschieden.

Diese Entscheidung ist für jeden Menschen wichtig und nachvollziehbar. Wir sind alle Gottes Kinder, aber unser Wille ist frei. Wenn Du Dich mit diesem unabhängigen Willen für die Nähe zu Gott entscheidest, leitest Du damit eine tiefgreifende Transformation Deines Selbst ein. Du schaffst bewußt Einheit mit dem Universum und der Quelle der Liebe und des Lichtes. Das Leben ist danach meist wie vorher, doch Du spürst in Deinem Herzen die Nähe Gottes und das verändert für immer die Art wie Du die Welt siehst und in ihr lebst. Durch diese Entscheidung kommt ein Stück mehr Himmel auf die Erde.

Dieser kurze Ausflug in die weit zurückliegende Geschichte und zu ähnlichen Systemen gibt Dir vielleicht Anregungen für eigene Nachforschungen und Überlegungen.

Reiki ist die Geschichte der Wiederentdeckung der praktischen Anwendung der Reiki-Kraft in unserer Zeit. Sie handelt von ganz normalen Menschen, ihren Fragen und Sorgen. Keiner der Reiki-Großmeister war ein Heiliger oder Erleuchteter. Aber jeder von ihnen half mit, der Liebe und dem Licht in unserer Zeit mehr Möglichkeiten zur Entfaltung zu geben. Jeder gab was er konnte und vermittelte mit seinem Einsatz das Wissen weiter. Ich bin ihnen dankbar dafür, denn ich und viele andere hätten ohne sie heute keinen Zugang zu der Universellen Lebensenergie.

# Die Geschichte des USUI-Systems des Reiki

Ende des letzten Jahrhunderts wurde das Reiki-System von dem christlichen Priester Dr. Mikao Usui in Japan wiederentdeckt. Dr. Usui war der Leiter der kleinen christlichen Doshisha Universität in Kyoto. Außerdem lehrte und predigte er dort auch zu bestimmten Anlässen. Eines Sonntags fragte ihn einer seiner Studenten vor dem Gottesdienst, ob er alles glauben würde, was in der Bibel stünde. Zum Beispiel, daß Jesus Menschen durch bloßes Handauflegen geheilt hätte. Usui bejahte dies. Der Student fragte weiter, ob er so etwas schon einmal erlebt hätte, und Dr. Usui mußte das verneinen.

Darauf bekam Dr. Usui zu hören, daß so ein blinder Glaube für ihn als alten Menschen wohl in Ordnung wäre. Der Student wollte aber sein Leben und seine Arbeit nicht auf etwas aufbauen, was ihm niemand beweisen konnte. Für ihn als jungen Menschen mit so vielen Fragen an das Leben sei das nicht ausreichend. Diese Diskussion bewegte Dr. Usui so sehr, daß er am nächsten Tage sein Amt niederlegte und auf die Suche nach der Wahrheit ging. Er wollte jetzt selber wissen, woran er war und den Rest seines Lebens ebenfalls nicht auf blinden Glauben gründen. Seine Suche führte ihn zuerst in die USA. Er studierte in Chicago alte Sprachen, um sich direkte Informationsquellen über Jesus Heilungen zu erschließen. In seiner Doktorarbeit ging es dann auch um die Heilungen im Neuen Testament. Aber er bekam durch seine intensiven Studien keine tieferen Aufschlüsse über Jesus' Heilungsmethode. Allerdings fand er Hinweise darauf, das Buddha ähnliche Wunder vollbracht hatte. Dr. Usui folgte dieser Spur, fuhr wieder in seine Heimat zurück und besuchte in Japan viele buddhistische Klöster, um dort weiterführende Hinweise zu finden. In den folgenden Jahren erlernte er die chinesische Sprache und letztlich das altindische Sanskrit, denn die alten Texte waren zum größtenteil nicht in japanischer Übersetzung vorhanden. Nach langer Suche fand er in der Bibliothek eines Zen-Klosters schließlich Schriftrollen mit den Aufzeichnungen eines unbekannten Jüngers Gautama Buddhas, der genau beschrieb, mit welchen Methoden, Symbolen und Formeln der heilige Mann geheilt und wie er diese Fähigkeiten an andere weitergegeben hatte.

So fand Dr. Usui endlich nach vielen Jahren, was er so lange gesucht hatte. Doch etwas fehlte ihm noch! Ihm war das akademische Wissen nicht genug. Er wollte die Heilung durch Auflegen der Hände selbst erleben. Dazu reichten die Schriften allerdings nicht aus. Sie vermittelten zwar das Wissen, aber nicht die Kraft, es in die Tat umzusetzen. Über diese letzte Schwierigkeit sprach er mit dem Abt des Klosters, der mittlerweile sein Freund geworden war. Der Mönch riet ihm, einen heiligen Berg in der Umgebung aufzusuchen, dort zu meditieren und zu fasten und darauf zu vertrauen, daß Gott ihm einen Zugang zu der heilenden Kraft schenken würde.

Gleichzeitig warnte er aber auch davor, denn er hegte die Befürchtung, Dr. Usui könnte sein Leben bei dem Versuch verlieren. Mikao Usui entschied sich dazu, den letzten Schritt auch noch zu wagen und begab sich an den Ort der Kraft, um zu fasten, zu meditieren und zu beten. Einundzwanzig Tage dauerte diese Meditation und am letzten Tag geschah dann tatsächlich, worum er gebeten hatte: Ein heller Lichtstrahl kam vom Himmel zu ihm herab und erfüllte ihn mit Kraft und Vitalität. Alle Schwäche und Steifheit, die die lange Zeit der Meditation bewirkt hatten, fielen von ihm ab. In schneller Folge sah er die Symbole, die ihm schon in dem alten Sanskrittext begegnet waren, eingehüllt in leuchtende Energieblasen. Sie prägten sich ihm für alle Zeiten ein und aktivierten seinen Zugang zu der Universellen Lebensenergie.

Nach diesem Erlebnis stand der alte Priester auf und begann den langen Abstieg. Auf dem Wege verletzte er sich den Fuß an einem Stein und hatte damit seine erste Möglichkeit, die neuen Kräfte auszuprobieren. Und tatsächlich: nachdem er einige Minuten

*Dr. Mikao Usui bekommt nach 21-tägigem Meditieren und Fasten das Geschenk, zum Reiki-Kanal zu werden.*

seine Hände über die Verletzung gehalten hatte, ließen Blutung und Schmerzen nach, so daß er weitergehen konnte.

Am Fuße des Berges angekommen, begab er sich in ein kleines Gasthaus und bestellte sich dort ein umfangreiches Mahl. Als ihm die Tochter des Gastwirts sein Essen brachte, bemerkte er, daß das Mädchen weinte. Ihre Wange war geschwollen und sie hatte schlimme Zahnschmerzen. Dr. Usui fragte, ob er ihr helfen dürfe und legte nach ihrer Einwilligung seine Hände auf die erkrankte Stelle. Nach einiger Zeit ließen auch bei ihr die Schmerzen nach und die Schwellung ging zurück. Nachdem er mit großem Appetit seine Mahlzeit verzehrt hatte, kehrte er in das Kloster zurück, um seinem Freund, dem Abt, von seinen Erlebnissen zu berichten und die weitere Vorgehensweise mit ihm zu besprechen. Bei seiner Ankunft erfuhr er, daß der alte Mann mit einem schlimmen Arthritisanfall zu Bett lag. Und wieder konnte der Priester mit Reiki helfen und die Schmerzen des Leidenden lindern. Während der nächsten Tage beratschlagten die beiden, was nun wohl am besten mit der neuen wunderbaren Fähigkeit anzufangen sei. Schließlich kamen sie zu dem Ergebnis, es wäre am sinnvollsten, den Menschen mit Reiki zu helfen, die wegen ihrer Erkrankungen nicht in der Lage waren, für sich selbst zu sorgen und deswegen in Armut leben mußten.

Dr. Usui verbrachte danach viele Jahre mit den Bettlern in den Slums von Kyoto, heilte viele von ihnen durch die Reiki-Kraft und schickte sie dann in das Leben zurück, damit sie arbeiten und für sich und ihre Angehörigen sorgen konnten. Nach einiger Zeit sah er aber dieselben Menschen, die er geheilt hatte, wieder in den Straßen sitzen und betteln. Auf seine Fragen, was mit ihnen sei, antworteten sie immer wieder ähnlich: Es ginge ihnen gut, sie seien gesund, aber es wäre so unangenehm und anstrengend für sich selbst zu sorgen und zu arbeiten. Beim Betteln fühlten sie sich wohler. Keine Verantwortung drücke sie und es sei schön so von anderer Leute Wohlstand zu leben, ohne die Last der Arbeit tragen zu müssen. Diese Reaktionen auf seine Bemühungen betrübten Dr. Usui sehr. Er erkannte, daß es nicht reicht, einen Menschen körperlich zu heilen. Auch der Geist sollte in den Heilungsprozess einbezogen werden.

In dieser Zeit verstand er wohl die Zusammenhänge zwischen Erkrankungen und Lernprozessen, dem Wert von Gesundheit, dem Sinn der Eigenverantwortung, der Dankbarkeit und den Gesetzen des Energieaustausches. Er schrieb auf, was er gelernt hatte, damit auch spätere Generationen an seinen Erkenntnissen teilhaben konnten und sorgte dafür, daß jeder Reiki-Student eine Unterweisung darüber erhielt, wenn er in den 1. Grad eingeweiht wurde. Die 5 Reiki-Lebensregeln sind deshalb noch heute ein wichtiger Bestandteil der Einweihungsseminare und jeder Schüler erhält ein Exemplar davon, um sich mit den Inhalten auseinanderzusetzen. Die Lebensregeln sind:

1. *Gerade heute sei nicht ärgerlich*
2. *Gerade heute sorge Dich nicht*
3. *Verdiene Dein Brot ehrlich*
4. *Versuche liebevoll mit den Wesen in Deiner Nähe umzugehen*
5. *Sei dankbar für die vielen Segnungen*

Der Gedanke, daß niemand wirklich gesund werden kann, dem seine Gesundheit nicht etwas wert ist, und daß jeder deshalb eine Gegenleistung für die Einweihungen in die Reiki-Grade geben sollte, wurde seit Dr. Usuis Zeit von Reiki-Meister zu Reiki-Meister weitergegeben und bildet so auch heute noch einen wichtigen Bestandteil der traditionellen Reiki-Ausbildung. Mikao Usui lehrte danach viele Jahre in Japan und bildete Schüler in den Methoden, Reiki zu übertragen, aus.

Wir wissen leider nicht allzu viel über sein Leben. Das meiste beruht auf mündlicher Überlieferung. Vielleicht erfahren wir mehr, wenn es wieder eine Verbindung zu der Reiki-Bewegung in Japan oder Korea gibt (siehe weiter unten). Nach Dr. Usuis Tod, gegen Ende der 20er Jahre dieses Jahrhunderts, ging das Amt des Großmeisters auf Dr. Chujiro Hayashi über, der eine kleine, Klinik in Tokyo einrichtete, in der nur mit Reiki und einer speziellen, im wesentlichen auf Frischkost basierenden, Diät auch schwere Fälle wie Krebs behandelt wurden. Viele Angehörige der japanischen Oberschicht ließen sich dort behandeln. Dr. Hayashi systematisierte die Reiki-Behandlungen und erstellte viele Erfahrungsberichte über die Wirkungen von Reiki bei den verschiedensten Erkrankungen.

Er stellte u. a. einen Plan für die Ganzbehandlung auf und fand heraus, daß Reiki immer automatisch dorthin fließt, wo es benötigt wird. Leider sind uns seine Schriften heute nicht mehr zugänglich. Kurz vor dem Eintritt Japans in den 2. Weltkrieg übergab Dr. Hayashi das Amt des Großmeisters an Hawayo Takata, eine auf Hawaii lebende Japanerin, die durch Reiki in seiner Klinik von einer schweren Krebserkrankung geheilt worden war und dadurch zu Reiki gefunden hatte. Frau Takata hatte im Alter von 29 Jahren ihren Mann verloren und mußte für ihre beiden kleinen Kinder allein sorgen. Keine leichte Aufgabe für eine Frau, und besonders schwierig zu dieser Zeit.

Als Hawayo Takata 35 Jahre alt war, hatte sie alle möglichen Arten von Krankheiten: Blinddarmentzündung, eine gutartige Geschwulst, Gallensteine, und um dem ganzen Leiden die Krone aufzusetzen, auch noch Asthma, so daß sie nicht mit einer Narkose operiert werden konnte. Sie verlor auch an Gewicht und wog schließlich nur noch 97 Pfund. Während dieser Jahre starben auch viele Verwandte, so daß sie immer weniger Hilfe hatte. Während dieser schweren Zeit hielt nur ihre Liebe zu ihren Kindern sie vom Selbstmord zurück. Frau Takata ging regelmäßig zur Kirche und meditierte im christlichen Sinne.

Eines Tages, als sie wirklich nicht mehr wußte wie sie ihr Leben weiter bewältigen sollte, betete sie nach der Meditation zu Gott und sagte ihm, sie wisse nicht mehr weiter und bat, ihr und ihren kleinen Kindern zu helfen. Sie dachte bei sich, daß Gott ihr

*Der zweite Großmeister des Reiki, Dr. Chujiro Hayashi*

bestimmt helfen würde, wenn er ihr Gebet gehört hätte. Da vernahm sie plötzlich eine Stimme, die ihr dreimal sagte, sie solle erst einmal ihre Erkrankungen kurieren. Dadurch würden sich auch alle anderen Probleme lösen.

Drei Wochen später starb eine ihrer Schwestern und sie übernahm die schwere Aufgabe, ihren Eltern, die zu dieser Zeit zu einem längeren Besuch in Japan im Stammhaus der Familie in Yamaguchi waren, die traurige Nachricht zu überbringen. Ihre beiden Töchter begleiteten sie auf dieser Reise. Bei dieser Gelegenheit wollte sie auch die Asche ihres Mannes zum Ohtani Tempel in Japan bringen, um ihm die letzte Ehre zu erweisen, und sie wollte ein Krankenhaus in Tokio, die Maeda Orthopädische Klinik, die einem Freund der Familie gehörte, aufsuchen, um sich behandeln zu lassen. Als der Arzt sie sah, schüttelte er den Kopf und sagte, sie müsse erst wieder mehr zu Kräften kommen, bevor an eine Operation zu denken sei. So blieben Frau Takata und ihre Töchter in dem Hospital. Einige Wochen darauf befand Dr. Maeda sie für operationsfähig und ließ sie auf den Eingriff vorbereiten. Doch während sie für die Operation vorbereitet wurde, hörte sie wieder die Stimme, die schon auf Hawaii zu ihr gesprochen hatte. Diesmal teilte sie ihr mit, die Operation sei nicht notwendig! Ungläubig kniff sich Frau Takata in den Arm. Aber sie träumte nicht. Erst nachdem ihr die Stimme dreimal dieselbe Botschaft übermittelt hatte, glaubte sie ihr. Sie stand auf und teilte den verwirrten Krankenschwestern mit, daß sie nun doch nicht operiert werden wolle. Begreiflicherweise waren die Frauen sehr erschrocken und holten schnell Dr. Maeda, damit er die Situation klären konnte. Frau Takata erklärte dem besorgten Arzt, sie hätte keine Angst, bei der Operation zu sterben, aber sie wollte gern wissen, ob es nicht noch andere Möglichkeiten für sie gäbe, gesund zu werden. Dr. Maeda überlegte eine Weile und fragte dann, wie lange sie in Japan bleiben wolle. Als er hörte, daß sie einen zweijährigen Aufenthalt geplant hatte, schickte er sie zu seiner Schwester, Frau Shimura, die in seinem Krankenhaus

Diätetik-Spezialistin war.

Bei dem folgenden Gespräch mit ihr erfuhr Frau Takata von einer wundersamen Heilung durch den Reiki-Meister Chujiro Hayashi, der Frau Shimura aus einem tiefen Koma geholt hatte, nachdem alle ärztliche Kunst schon vergeblich bemüht worden war. Bald darauf wurde Hawayo Takata zu Dr. Hayashis Klinik gebracht. Der Reiki-Meister nahm sich ihrer an und ließ sie während der folgenden sechs Monate täglich viele Stunden lang von zwei eingeweihten Mitarbeitern mit der Universellen Lebensenergie behandeln.

Zwischendurch kam sie immer wieder zu Untersuchungen in das Maeda Hospital, um ihre Erholung schulmedizinisch bestätigen zu lassen und etwaige Komplikationen rechtzeitig zu erkennen. Zusätzlich zu den Reiki-Übertragungen bekam sie eine spezielle Diät, die im wesentlichen aus Sonnenblumenkernen, Rote Bete-Saft, Grapefruits, Mandeln und anderer Frischkost bestand.

Die Sitzungen kamen ihr sehr seltsam vor. Die Assistenten Dr. Hayashis legten ihr schweigsam die Hände auf, und nach kurzer Zeit schon spürte sie eine wohltuende starke Wärme an den behandelten Stellen. Neugierig untersuchte sie, wenn niemand im Zimmer war, ihr Bett und den Fußboden, konnte aber keine verborgenen Maschinen finden, die diese seltsamen Empfindungen verursacht haben könnten. Eines Tages konnte sie sich nicht mehr zurückhalten und griff einem der Behandler während einer Sitzung in die weiten Ärmel seines traditionellen Kimonos. Der Mann war überrascht, dachte aber, sie brauche Taschentücher und gab ihr welche. Frau Takata wies sie zurück und fragte ganz aufgeregt, wo denn nun die Batterien und das Wärmegerät wären. Die beiden Behandler schauten sich überrascht an und brachen dann in lautes Gelächter aus.

Durch den Lärm aufmerksam geworden, schaute Dr. Hayashi in das Zimmer und erzählte dann der verwunderten Frau als Antwort auf ihre Fragen von Reiki, der Universellen Lebensenergie, die durch das Auflegen der Hände in ihren kranken Körper geleitet wurde. Nach diesem wichtigen Ereignis war Hawayo Takatas Interesse an dieser wundervollen Kraft erwacht. Sie unterhielt sich immer wieder mit Dr. Hayashi darüber und teilte ihm ihren Wunsch mit, seine Schülerin zu werden. Dies war ein außergewöhnliches Privileg für jemanden, der nicht in Japan aufgewachsen war; und trotz ihrer Bemühungen wäre sie wohl kaum in einen Reiki-Kurs aufgenommen worden, hätte nicht ihr Freund, Dr. Maeda, einen Empfehlungsbrief für sie an Dr. Hayashi geschrieben.

Später, nachdem ihre Gesundheit wieder vollends hergestellt war, wurde sie in den 1. Grad eingeweiht und behandelte unter der Führung und Aufsicht Dr. Hayashis ebenfalls kranke Menschen. Sie blieb über ein Jahr bei dem Reiki-Meister und wurde immer weiter von ihm ausgebildet. Ihre Ernsthaftigkeit und ihr tiefes Interesse für Reiki und Heilung bewegten Dr. Hayashi dazu, sie in den 2. Reiki-Grad, den Praktiker-Grad, einzuweihen. Später kehrte Frau Takata mit dem Geschenk der Heilung nach Hawaii zurück und behandelte dort viele Menschen mit der Reiki-Kraft.

Einige Wochen darauf bekam sie Besuch. Chujiro Hayashi und seine Tocher waren angereist, um sie weiter auszubilden. Während einiger Monate übermittelten die beiden ihr weitere Kenntnisse über Reiki, hielten Kurse ab und weihten sie dann im Februar 1938 zur Reiki-Meisterin. Bald danach fuhren Vater und Tochter nach Japan zurück.

Hawayo Takata tat in den folgenden Jahren viel, um Reiki auf Hawaii zu verbreiten. Sie gründete ein Reiki-Zentrum, in dem sie mit ihrer Familie lebte, Kranke behandelte und auch dafür aufgeschlossene Menschen in das Usui-System des Reiki einführte. Außerdem reiste sie viel auf den Inseln herum und gab Reiki-Kurse, denn immer mehr Menschen hörten von der Frau mit den heilenden Händen und wollten ihre Methode erlernen. Zu Beginn des Jahres 1940 bewegte sich Japan immer mehr auf einen Krieg mit den USA zu. Dr. Hayashi spürte dies. Er fühlte, daß er nach

*Frau Hawayo Takata, die dritte Großmeisterin des Reiki*

den langen Jahren im Dienste der Heilung nicht mehr direkt oder indirekt an einem Krieg teilnehmen konnte. Andererseits war es ihm als einem aus einer alten, traditionsreichen Familie stammenden Japaner nicht möglich, den Kriegsdienst zu verweigern. So ordnete er seine Angelegenheiten und bereitete sich auf den Abschied von der Welt vor. Frau Takata hatte während jener Tage einen Traum, der sie sehr plagte. Sie sah darin, daß irgendetwas mit Dr. Hayashi nicht stimmte und reiste daraufhin so schnell sie konnte nach Japan, um ihm zu helfen. Nach ihrer Ankunft bestätigte der Arzt ihre Sorgen und die beiden verbrachten viele Tage mit ernsten Gesprächen über den kommenden Krieg, seinen Ausgang und die Vorkehrungen, die zu Hawayo Takatas Sicherheit und zum Schutze der Reiki-Tradition getroffen werden mußten. Dr. Hayashi hatte sehr klare Visionen von den kommenden Ereignissen und konnte dadurch seiner Schülerin viele wertvolle Ratschläge für die Zukunft geben.

Bald darauf rief er alle Freunde, Verwandte und die japanischen Reiki-Meister zusammen, ernannte Frau Takata zu seiner Nachfolgerin für das Amt des Großmeisters und verließ daraufhin, in ein traditionelles japanisches Gewand gekleidet, durch die Kraft seines Willens für immer seinen Körper.

Hawayo Takata kehrte in ihre Heimat zurück und überstand die folgenden, besonders für Amerikaner japanischer Abstammung, schwierigen Jahre gut.

Die Wegweisungen ihres Lehrers halfen ihr und ermöglichten so eine kontinuierliche Fortführung der Reiki-Tradition im Westen. Frau Takata lehrte seit dieser Zeit Reiki auf Hawaii, den USA, Kanada und Südamerika. Sie bildete mehr als 20 Meister aus und übergab vor ihrem Tode ihrer Enkelin Phyllis Lei Furumoto und Dr. Barbara Webber-Ray die Aufgabe, die Reiki-Bewegung zu leiten. Nach einem knappen Jahr der Zusammenarbeit trennten sich die Wege von Frau Furumoto und Frau Webber-Ray aus persönlichen Gründen. Beide gründeten eigene Organisationen, die AIRA (B. Webber-Ray) und die Reiki-Alli-

Anfang der 80er Jahre kam Reiki dann durch Brigitte Müller nach Europa und breitete sich seitdem schnell aus. Heute gibt es in fast jedem europäischen Land Reiki-Meister. Auch in Osteuropa (Polen) lehrt seit 1988 ein einheimischer Meister, der ebenfalls Seminare in der Sowjetunion abhält. In Moskau existiert bereits ein Reiki-Zentrum, und ab und an kommen Meister aus Deutschland oder Polen und halten dort Kurse ab.

In der Sowjetunion sind die Schulmediziner nach den Auskünften der dort tätigen Reiki-Meister sehr viel offener für feinstoffliche Heilweisen und engagieren sich auch persönlich dafür. Reiki wird dort nicht als Konkurrenz, sondern als willkommene Ergänzung zur Schulmedizin gesehen. Nach neuen Informationen gibt es es sowohl in Japan, als auch in Korea eigenständige Reiki-Linien.

Nach Korea wurde Reiki durch eine Tochter Dr. Hayashis gebracht, die dorthin heiratete. Direkte Kontakte zu den koreanischen oder japanischen Reiki-Meistern bestehen meines Wissens zur Zeit nicht. Im Westen gibt es heute etwa sechs unabhängige Reiki-Organisationen, von denen die Reiki-Alliance und die AIRA (seit kurzem T.R.T.A.I.) die meisten Mitglieder haben. Daneben steigt aber auch die Zahl der unabhängigen Reiki-Meister, die sich nicht organisieren möchten. Für die Kontakte untereinander ist es kein Hindernis, Mitglied unterschiedlicher Vereinigungen oder unorganisiert zu sein.

Die genannten Organisationen sind übrigens rein freiwillige Zusammenschlüsse von Meistern, die den Gedanken und Erfahrungsaustausch und gemeinsame Projekte fördern wollen.

Bei der Schilderung der Geschichte von Reiki wurden des öfteren die Begriffe "Großmeister" und "Reiki-Bewegung" erwähnt. Um Mißverständnissen vorzubeugen, sind dazu einige Erklärungen notwendig: Ein Reiki-Großmeister hat im wesentlichen die Funktion, die Reiki-Meister miteinander im Gespräch zu halten, Treffen für Meister zu organisieren und manchmal auf Anfrage Meister bei bestimmten Lernprozessen zu unterstützen.

Zu diesen Zwecken werden auch Selbsterfahrungs-Seminare für Meister und Meister-Schüler organisiert.

Bis vor wenigen Jahren war der Großmeister auch der einzige, der andere Reiki-Meister einweihen konnte. Es gibt in der Reiki-Bewegung im Grunde keine Hierarchie, in der ein Großmeister eine weisungsgebende Funktion ausüben könnte. Da die Reiki-Fähigkeiten, so sie einmal verliehen sind, nie wieder vergehen oder jemandem genommen werden können, gibt es auch kein Druckmittel, um irgend jemanden "bei der Stange" zu halten. Ein Reiki-Großmeister ist also eher ein "Erster unter Gleichen", als ein autoritärer Führer.

Gerade deswegen ist es auch nicht sehr einfach, Großmeister zu sein, denn die einende Kraft dieses Amtes gründet sich letztlich nur auf der liebevollen Kraft der Persönlichkeit des Großmeisters. Reicht sie nicht, richtet sich niemand mehr nach ihm. Es gibt also keinen Reiki-Guru an der Spitze, der die Marschrichtung festlegt, nach der sich alle richten müssen. Und das ist auch ganz gut so. Ich finde, diese Art der Organisation entspricht recht gut der lebensfördernden Qualität der Reiki-Energie.

Die Mitgliedschaft bei den einzelnen Organisationen steht zur Zeit nur Reiki-Meistern offen und ist absolut freiwillig. Wer nicht will, braucht nicht dabei zu sein und es entsteht ihm dadurch auch weiterhin kein Nachteil. Viele Meister-Treffen der verschiedenen Organisationen stehen sogar nicht-organisierten Meistern offen.

Die Organisationen der Reiki-Meister bestreiten ihre Aufwendungen aus festen Mitgliedsbeiträgen. Einige Organisationen bieten auch Hilfsprogramme für Meister an, die krank sind, Unglücksfälle erlitten haben oder in Ländern arbeiten, die finanzschwach sind und deswegen die oft hohen Reisekosten zu den Welt-Meister-Treffen nicht aufbringen können, oder nicht in der Lage sind, die vollen Beiträge zu zahlen. Auch bei den Organisationen läßt sich die Energie von Reiki, Freiheit und Liebe, schnell erkennen.

Natürlich gibt es wie bei jedem Zusammenschluß von Menschen mal Reibereien untereinander oder verschiedene Meinungen. Doch hindert dies im wesentlichen die Zusammenarbeit nicht.

Ähnliches gilt für den Begriff "Reiki-Bewegung". Es gibt keine einheitliche Reiki-Bewegung im Sinne einer Organisation, Sekte oder Kirche. Dadurch, daß kein Reiki-Schüler nach einem Seminar Kontakt zu seinem Meister haben muß oder in irgendeiner Weise auf ihn angewiesen ist, sind grundsätzlich wenig Möglichkeiten für typische Massenorganisationen gegeben.

Ich verstehe unter der "Reiki-Bewegung" alle Menschen, die in einen Reiki-Grad eingeweiht worden sind.

## Wissenschaftliches

Reiki und Wissenschaft? Ist das denn notwendig? Ja, ich glaube manchmal schon! Für mich war es jedenfalls ein "Aha-Erlebnis", als ich in Paula Horans Reiki-Buch (siehe Bibliographie) zwei Kirlian-Aufnahmen (fotografische Methode zur Sichtbarmachung der Wechselwirkungen zwischen feinstofflicher Aura-Energie und elektromagnetischen Hochspannungsfeldern) ihrer Hände sah. Einmal, ohne Reiki-Kraft, sahen sie ganz normal aus, wie bei anderen Menschen auch, und einmal während einer Fernbehandlung mit dem 2. Grad, waren sie deutlich heller und mit einem breiten Strahlenkreis umgeben.

Ich komme aus der verstandesorientierten »Ecke« unserer Gesellschaft und deswegen gibt mir so ein direkt sichtbarer Nachweis der Reiki-Kraft etwas. Vielleicht brauchst Du ja auch ab und zu etwas "handfestes".

Beth Gray, eine Reiki-Meisterin, die noch von Takata-Sensei ausgebildet wurde, hat in Zusammenarbeit mit der Stanford Universität in Kalifornien mittels sehr feiner Meßgeräte herausgefunden, daß die Reiki-Kraft tatsächlich über das Scheitelchakra des jeweiligen Heilers in den Körper eintritt. Und zwar interessanterweise auf der nördlichen Halbkugel der Erde aus nördlicher Richtung und auf der südlichen Halbkugel aus südlicher Richtung.

Einmal erweckt, strömt sie aus den Händen des Reiki-Kanals aus und setzt sich spiralförmig gegen den Uhrzeigersinn fort. Sie ist also in ganz ähnlicher Form, wie die Doppel-Helix der DNS, der menschlichen Erbsubstanz, gestaltet. Ärzte, Heilpraktiker und andere Therapeuten, die mit Reiki arbeiten, haben in den letzten Jahren auch immer wieder überprüfen können, daß Reiki wirkt, und daß seine Wirkungen den überlieferten Informationen entsprechen.

Vielleicht gibt es ja irgendwann mal ein größeres Forschungsprojekt, um die vielen lebensfördernden Wirkungen auch für die Menschen sichtbar zu machen, die ohne empirische Beweise Schwierigkeiten haben, sich auf Reiki einzulassen.

Am Beispiel der wissenschaftlichen Erforschung von Yoga und diversen Meditationsmethoden läßt sich sehr gut sehen, daß spirituelle Disziplinen dadurch sehr viel besser und mit weniger Vorbehalten, auch von akademischer Seite her, angenommen werden können.

Im Hinblick auf die Erfordernisse unserer Zeit erscheint es mir sehr wünschenswert, auch Menschen ohne spirituellem Hintergrund Möglichkeiten zu schaffen, die es ihnen leichter machen, sich auf die Reiki-Kraft einzulassen und ein persönliches Verständnis dazu zu entwickeln. Die Spiritualität kommt dann mit den Erfahrungen schon ganz allein.

# Erfahrungen mit der Universellen Lebensenergie

Wer schon mal eine Reiki-Behandlung bekommen hat oder selbst in einen Grad eingeweiht ist, macht automatisch bestimmte ganz persönliche Erfahrungen mit der Reiki-Kraft. Allein die Energiewahrnehmung, die während einer Sitzung bei Behandler und Behandeltem auftritt, ist so eindrucksvoll, daß alles Bücherwissen über lebensenergetische Prozesse dagegen verblaßt. Zu sehen, wie sich Pflanzen, deren Blüten schon traurig nach unten hängen, innerhalb weniger Stunden allein durch Reiki wieder fröhlich aufrichten, ist wie ein Wunder. Es passieren Dinge, die jemandem, der nicht mit Reiki umgeht, unglaublich erscheinen. So werden leere Autobatterien durch nur 20-minütiges Aufladen mit Reiki wieder voll, was sich sogar nachmessen läßt, verlieren aber ihre Kraft sofort, wenn der Reiki-Kanal sich so weit von ihnen entfernt, daß über die Aura kein Kontakt mehr stattfindet.

Schädlinge an Zimmerpflanzen fallen nach einer einmaligen Reiki-Behandlung über Nacht von der befallenen Pflanze ab, weil sich deren Selbstheilungskräfte durch Reiki wieder entfalten konnten.

Menschen verlieren Schmerzzustände, die sie seit Jahren quälten, können plötzlich wieder andere liebevoll in die Arme schließen, lachen und tanzen oder kurieren mit wenigen Reiki-Anwendungen hartnäckige Verstopfungszustände.

Ein Hund mit einer schweren Nierenentzündung, der von dem behandelnden Tierarzt bereits aufgegeben war, wurde durch Reiki innerhalb von zwei Tagen dauerhaft geheilt. Die Liste ließe sich noch lange fortsetzen und vielleicht tue ich dies auch irgendwann mal in einem Buch über Erfahrungen mit Reiki als Anregung für die Entwicklung eigener Anwendungen. Doch so eindrucksvoll diese vielen Erfahrungen sind, die bei dem Kontakt mit Reiki entstehen, sie lassen sich nicht wie ein schulwissenschaftliches Experiment beliebig oft mit genau gleichen Ergebnissen wiederholen.

Reiki heilt nach absolut ganzheitlichen Gesichtspunkten und geht dabei vollständig auf die individuellen Bedürfnisse jedes Menschen ein. So ist jeder Heilungsweg ein anderer, im besonderen bei tiefergehenden Erkrankungen.

Gerade die Betonung der persönlichen Bedürfnisse, das Ausschließen einer Einflußnahme des Reiki-Kanals auf den Heilungsweg und die Heilungsergebnisse, machen Reiki meiner Ansicht nach so wichtig und wertvoll. Die grundlegenden Qualitäten von Reiki sind Wahrheit, göttliche, das heißt allumfassende, Liebe und Erkenntnis.

Liebe ohne Begrenzungen ist das, was wir in dieser Übergangszeit, wo das Zeitalter der Fische noch etwas den Lauf der Welt bestimmt und das Wassermannzeitalter langsam mit einer neuen Energie Einfluß nimmt, brauchen. Auf diese Art kann unsere Gesellschaft endlich in die nun unbedingt nötige Eigenverantwortlichkeit und Individualität hineinwachsen, die ganz automatisch mit der Zeit die starren Machtstrukturen und Massenbewegungen des Fischezeitalters hinwegevolutionieren wird. Doch bis dahin wird noch viel verschmutztes Wasser in die Ozeane fließen.

Einen Vorgeschmack von der neuen Zeit kann aber jeder, der will, schon jetzt durch Reiki bekommen. Den wenigsten wird dieser Sachverhalt allerdings bewußt sein, wenn sie sich für Reiki zu interessieren beginnen. Die meisten Menschen kommen zu einem Reiki-Seminar aus, oberflächlich gesehen, ganz anderen Gründen. Von dem Weg zu Reiki mit seinen Fragen, Hoffnungen und Ängsten handelt das nächste Kapitel.

## 2. Kapitel

# Der Weg zu Reiki

### Warum kommen Menschen zu Reiki?

Zu Anfang jedes 1. Grad-Seminars bitte ich die Teilnehmer zu erzählen, warum sie gekommen sind. Welche Hoffnungen und Ängste sie haben. Was sie im Moment bewegt. Immer wieder kommen dabei Erlebnisse mit Reiki zur Sprache, die einen Menschen so berührten, daß er unbedingt mehr wissen, selber die Kraft in den Händen spüren wollte. Da gibt es Erfahrungen mit Reiki-Fernbehandlungen, die spontane Heilungen einleiteten oder veränderte Bewußtseinszustände, ähnlich tiefer Meditation, hervorgerufen haben. Andere wurden anläßlich einer Verletzung mit Reiki versorgt und konnten so direkt erfahren, wie schnell Wunden dadurch heilen können.

Oft kommen auch die Lebenspartner oder enge Freunde eines Menschen, der eine Weile zuvor den 1. Grad bekommen hatte. Sie erzählen verwundert von den Veränderungen, die sie bei ihren Freunden nach der Einweihung bemerkten. Daß sie plötzlich liebevoller, offener und lebendiger geworden seien und einfach glücklicher wirkten.

Einige kommen, weil sie glauben, die Reiki-Einweihung wäre ein großer Schritt nach vorn auf ihrem spirituellen Weg. Manche sind neugierig geworden, weil sie ein Buch über Reiki gelesen haben oder von Bekannten davon hörten. Viele nehmen aufgrund persönlicher Schwierigkeiten im geistig-seelischen oder körperlichen Bereich an einem 1. Grad-Seminar teil. Sie möchten gerne selbst etwas für ihre Gesundheit tun können, Eigenverantwortung übernehmen und sich davor schützen, in Zukunft ernsthaft zu erkranken.

Über 80 Prozent der Kursteilnehmer werden über "Mund-zu-

Mund-Propaganda" auf Reiki aufmerksam. Reiki ist also, statistisch gesehen, ein guter Tip unter Freunden. Diese Tatsache finde ich aussagekräftiger als alle Erklärungen über die Wirksamkeit dieser Kraft. Würde es nicht eine so gute Sache sein, kämen wohl sehr viel weniger Leute auf die Idee, es ihren Freunden und Lebensgefährten ans Herz zu legen.

Ich sehe auch immer mehr Ärzte, Heilpraktiker, Physiotherapeuten und Vertreter anderer Heil- und Heilhilfsberufe in den Reiki-Kursen. Ihre Gründe sind ähnlich denen der anderen Teilnehmer, jedoch kommt noch ein wichtiger, wohl typischer, Aspekt aus dem Berufsalltag dieser Menschen hinzu: Durch den engen Kontakt mit den vielen Kranken fühlen sich gerade die sensibleren Therapeuten häufig erschöpft und geradezu "ausgesaugt" von ihren Patienten. Kein Wunder, denn kranke Menschern brauchen ja Energie und ziehen sie sich bei dem Kontakt mit ihrem Behandler aus dessen offener Aura ab. Natürlich ohne das überhaupt bewußt zu registrieren.

Auch der kräftigste Mensch übersteht viele Begegnungen dieser Art nicht unbelastet. Nun ist es ja gerade eine der hervorragendsten Eigenschaften von Reiki, daß der darin Eingeweihte davor geschützt wird, seine persönliche Energie abzugeben, und stattdessen die unerschöpfliche Universelle Lebensenergie für den "Psychovampir" bereitstellt. Die kann der Kranke dann in jeder gewünschten Menge ziehen und tut damit dem Reiki-Kanal sogar noch etwas Gutes, weil der auch von dem lebensspendenden Energiesegen profitiert. Meist bekommt der Therapeut den Reiki-Tip von einem Berufskollegen und meldet sich dann, noch sehr skeptisch, zu einem Seminar an, in der stillen Hoffnung, daß doch etwas an der seltsamen Sache sei.

Skeptisch kommen so gut wie alle. Denn der gesunde Menschenverstand meldet sich immer wieder mit Zweifeln, wie: "Das kann doch nicht so einfach sein. Irgendwo muß es einen Haken geben!"

# Die Ängste

An erster Stelle steht wohl die Befürchtung, alles könnte doch Lug und Trug sein. Diese Sorge löst sich nach der Erfahrung der ersten Einweihung in der Regel schnell auf. Bei ganz skeptischen, die ihren eigenen Wahrnehmungen und den sichtbaren Ergebnissen nicht trauen mögen, kann es länger dauern. Bei mir ging fast ein Jahr darüber hin, bis endlich auch mein Verstand vor den nicht endenwollenden Beweisen für die Existenz von Reiki kapitulierte.

Dann gibt es die Angst, man könnte einer Sekte, einer Kirche, einem magischen Zirkel oder ähnlich "grausigen" Vereinen verfallen. Da es aber während eines 1. Grad-Seminars sehr fröhlich und frei zugeht und der Augenblick, wo der Guru angebetet wird, einfach nicht kommt, sich auch niemand, emotionell oder körperlich, entkleiden muß oder soll, wächst mit der Zeit die Sicherheit und das Vertrauen der Teilnehmer.

So mancher, der in einer sehr bürgerlichen Umgebung lebt und arbeitet, hegt die Sorge, daß seine Bekannten und Kollegen glauben, er wäre irrenhausreif, wenn sie von seiner Teilnahme an einem Reiki-Seminar erfahren würden. Da es immer noch eine Menge sehr begrenzt denkender Leute gibt, ist diese Vorstellung gar nicht so abwegig. In der Praxis ist es aber äußerst selten, denn alle Teilnehmer haben ja eine gemeinsame Erfahrung mit Reiki und darüber hinaus braucht niemand irgend jemandern mitzuteilen, wie er seine Wochenenden verbringt.

Schade finde ich es, daß viele Institutionen, wie beispielsweise Kirchen, immer noch von geradezu abenteuerlichen Vorstellungen über Reiki ausgehen. Es gibt aber auch angenehme Überraschungen. So wurde ein Mensch, der gerade Reiki-Kanal geworden war, nacheinander von zwei Kollegen angesprochen, die gesehen hatten, daß er nach dem Essen die Hände auf den Bauch legte, ob er vielleicht an einem Reiki-Seminar teilgenommen hätte. Die beiden hatten vor längerer Zeit ebenfalls den

1. Grad bekommen und freuen sich verständlicherweise über den frischgebackenen Reiki-Kollegen.

Manchmal gibt es auch Befürchtungen, die Reiki-Kraft käme von einem Dämon oder würde disharmonische Veränderungen für den Eingeweihten und die Menschen, die er behandelt, mit sich bringen. Diese Ängste werden erst nach einiger Reiki-Praxis gegenstandslos. Wer die Energie und ihre Wirkungen mit wachem Bewußtsein erlebt, überzeugt sich selber. Reden nützt da nichts, sondern ruft nur mehr Abneigung hervor, da der unsichere Mensch sich dann gegen Manipulation schützen möchte, was ja auch vollkommen verständlich ist. Ängste vor dem Unbekannten trägt ein jeder mit sich herum, und wenn eine Situation auf einen Menschen zukommt, die er nicht kennt und sich nicht erklären kann, werden diese tiefverwurzelten Furchtgefühle wach. Wenn es Dir so geht, laß Dich auf einige Probesitzungen mit Reiki ein. Lerne den entsprechenden Meister vorher in einem persönlichen Gespräch oder bei einem Vortrag kennen, um ein Gefühl für seine Energie zu bekommen. Sprich mit anderen, die von ihm eingeweiht wurden, wenn es möglich ist. Es zählt dabei nicht so sehr, was gesagt wird. Klatsch gibt es auch in der Reiki-Szene. Sei aufmerksam für die Stimmung zwischen den Zeilen, fühl Dich hinein und frage Deinen Bauch und nicht Deinen Kopf, ob er sich wohl damit fühlt.

Du brauchst nur einmal in deinem Leben eine 1. Grad-Einweihung. Mach sie für Dich zu einem Fest und finde die Sicherheit, die Du brauchst, um Dich einzulassen. Das ist Deine Verantwortung. Zum Reiki-Kanal wirst Du auf jeden Fall durch die traditionellen Einweihungen während eines Seminars. Doch Du entscheidest, ob die Hälfte der Zeit vorbeigeht, bis Du Dich einlassen und es genießen kannst, oder ob Du Deinen Standpunkt schon vorher weitgehend findest. Im letzteren Falle wird das 1. Grad-Seminar für Dich vom ersten bis zum letzten Moment ein rauschendes, sinnliches, ernstes, fröhliches Fest, das Du nie vergessen wirst.

# Die Vorbereitung auf den 1. Reiki-Grad

Während der Anmeldungs-Gespräche taucht immer wieder die Frage auf, ob es wichtig sei, vor dem Seminar Reiki-Literatur zu wälzen, bestimmte Übungen zu machen, zu fasten, zu meditieren, sexuell enthaltsam zu leben und so weiter und so fort. Natürlich steht es jedem frei, so etwas zu tun, wenn er glaubt, daß es für ihn wichtig sein könnte. Im Hinblick auf das 1. Grad-Seminar ist es aber nicht notwendig. Die Einweihungen wirken auch, wenn Du mit einem ausgewachsenen Kater "antrittst", oder Dich die letzten zehn Tage vorher nur von Bier, Eisbein und Sauerkraut ernährt hast. Sicherlich bekommst Du so belastet, von den Dingen, die da passieren nicht so viel mit, aber wirken tut es immer!

Ich finde es allerdings schöner, wenn jeder Teilnehmer sich vorher über einige Dinge klar wird und es seinem Körper durch nicht zu belastende Ernährung ermöglicht, sensibler zu sein. So ein Seminar wird um so bewegender für Dich, je mehr Du wahrnehmen kannst, je bewußter Du bist. Die Energie der Einweihungen bewirkt außer der Öffnung für die Universelle Lebenskraft bei jedem Menschen einen Schub in seiner persönlichen Entwicklung. Wie stark er ausfällt, kann durch das bewußte Einlassen auf Reiki und durch die Wahrnehmung der gerade anliegenden persönlichen Lernprozesse beeinflußt werden. Seitdem ich diese Vorgänge verstanden habe, sende ich jedem Teilnehmer vor dem Seminar ein Merkblatt, um ihn darauf aufmerksam zu machen. Ich gebe den Text hier für Dich wieder. Er ergibt meiner Ansicht nach auch für 2. und 3. Grad-Einweihungen einen Sinn. Schau ihn Dir durch und verwende davon, was Du für Dich als passend empfindest.

*"Die Teilnahme an einem traditionellen Reiki-Seminar bedeutet immer einen gewaltigen Anschub Deiner persönlichen Entwicklung. Die durch die Einweihungen und den intensiven Kontakt mit der Universellen Energie eingeleiteten lebensener-*

*getischen Prozesse öffnen Dich für neue Erfahrungsmöglichkeiten und schenken Dir einen besseren Zugang zu den liebevollen, lebendigen Anteilen Deiner Persönlichkeit. Brachliegende Talente können aktiviert und bereits gelebte Fähigkeiten ausgebaut werden. Wie tiefgreifend dieser sanfte Evolutionsprozeß ist, bestimmst Du selbst! Nimm Dir in den Tagen vor dem Seminar regelmäßig etwas Zeit für Dich und mach Dir klar, was Du von Deinem Leben erwartest; wieweit Du diese Erwartungen verwirklicht hast und wofür Du Dich in Zukunft öffnen möchtest. Wünscht Du Dir mehr Liebe und Erfüllung in Deinen Beziehungen, willst Du endlich eine befriedigende berufliche Perspektive für Dich oder möchtest Du ein gesundheitliches Problem auflösen? Was auch immer es ist, die Energie der Einweihungen und die Reiki-Sitzungen während des Seminars können eine positive Entwicklung in jeder für Dich wichtigen Hinsicht einleiten. Ein Reiki-Seminar ist trotzdem keine Therapie. Du wirst also nicht im medizinischen Sinne geheilt, wenn Du daran teilnimmst. Aber es kann die Entwicklungs- und Lernprozesse in Dir voranbringen, für die Du Dich öffnen möchtest und so in einem umfassenden Sinne zu einem glücklicheren und gesunderen Leben beitragen. Erwarte alles und nichts! Mach Dich frei für das, was geschehen wird. Lege Dir keine Begrenzungen für Dein Wachstum auf und öffne das Tor Deines Bewußtseins für die tief in Deinem Herzen verborgenen Wünsche. Um es nocheinmal ganz klar zu sagen: Der eben beschriebene Vorgang hat nichts mit Deiner Öffnung für die Universelle Lebensenergie durch die traditionellen Einweihungen zu tun. Reiki-Kanal wirst Du auf jeden Fall, wenn Du von einem Reiki-Meister eingeweiht wirst. Dafür mußt und brauchst Du nichts zu tun, als einfach nur anwesend zu sein. Nimm Dir während der Seminar-Tage nichts termingebundenes oder anstrengendes vor. Gestatte Dir, für Dich da zu sein. Die Einweihungen können tiefgreifende Bewußtwerdungsprozesse auslösen und es ist gut, dafür Zeit zu haben, um alles auch verarbeiten zu können. Du kannst in einen intensiven Kontakt mit Dir kommen*

*–nutze diese Chance für Dich! Aus diesen Gründen solltest Du auch, soweit möglich, auf Alkohol, Nikotin oder andere Drogen während der Seminarzeit verzichten. Sie vermindern die Wahrnehmungsfähigkeit und damit Deine Möglichkeiten, die anstehenden Veränderungen bewußt zu erfahren."*

So weit der Vorbereitungstext. Bevor ich im nächsten Kapitel in medias res gehe, möchte ich noch einen Punkt ansprechen, der gerade im Vorfeld des 1. Grades immer wieder angesprochen wird: Das liebe Geld!

## Geld und Reiki

"Warum muß Reiki denn so teuer sein?!", "Gottes Energie sollte es umsonst geben, Du darfst damit keine Geschäfte machen!", "Ich finde es unverschämt, für etwas, was eigentlich jedem zusteht, soviel Geld zu nehmen!", "Das ist eine Menge Geld. Du willst wohl unbedingt in einem Jahr Millionär werden!".

Diese Sätze sind ein kleiner Auszug aus den Kommentaren von Menschen, die das erste Mal von der 1. Grad-Kursgebühr von 350 DM, der 2. Grad Gebühr von 1200 DM oder gar den Kosten für den Meister-Grad von 20.000 DM plus MwSt. hörten. Vielleicht empfindest Du ähnliche Empörung oder Unverständnis. Ich sehe das Thema "Geld und Reiki" so: Wenn Du eine Kühltruhe kaufst, die vielleicht fünf oder sechs Jahre hält, legst Du mindestens 1000 DM auf den Tisch und Dir würde wohl kaum einfallen, mit dem Ladeninhaber eine Diskussion darüber zu führen, ob es sozial ist, soviel Geld für das Gerät zu nehmen, wo es doch jeder gut gebrauchen könnte.

Du weißt, daß er und viele andere Leute mit ihrer Arbeit, ihrem persönlichen Einsatz und Erfahrungen, ihrer Zeit und ihrem finanziellen Risiko dazu beitragen, daß Du so einfach und verhältnismäßig günstig ein kompliziertes Gerät wie eine Tiefkühltruhe kaufen kannst. Viele Menschen und ihre Familien leben davon und geben ihrerseits das verdiente Geld wieder in den Energiekreislauf, um sich andere Güter und Dienstleistungen zu beschaffen, die sie für ihre Lebensgestaltung benötigen. Wenn der Ladenbesitzer seine Waren mit 50 % Rabatt verkaufen würde oder sie gar verschenkte, wäre er bald pleite, sein Geschäft geschlossen, seine Familie hungrig und Du hättest keine Gelegenheit mehr, eine Tiefkühltruhe zu kaufen, wenn Du eine brauchst. Vielleicht bist Du jetzt empört und denkst: "Wie kann er Reiki mit einer Tiefkühltruhe vergleichen!". Natürlich ist die Reiki-Kraft etwas anderes als eine Maschine. Beide brauchen aber den persönlichen Einsatz, die mühsam erlernten Fähigkeiten, die Zeit und die Mühe von Menschen, um vermittelt zu werden. Die Kursgebühren sind einerseits also da, um den Seminarleiter für seine Leistung zu entlohnen. Andererseits stellen sie die Austauschenergie des Reiki-Schülers dar, der eine im Grunde unbezahlbare Gegenleistung erhält. Gibt er diese Gegenleistung nicht oder ist sie zu gering, treten schnell ähnliche Situationen auf, wie sie Dr. Usui in dem Bettlerviertel erlebte, in dem er eine Weile tätig war. Für 350 DM bekommst Du heute einen halbwegs passablen Kassettenrekorder oder den 1. Grad. Für 1250 DM kannst Du eine Woche nach Mallorca fahren oder an einem 2. Grad-Seminar teilnehmen. Für 20.000 DM wirst Du (vielleicht, es hängt nicht nur vom Geld ab!) Reiki-Meister oder kannst Dir, wenn Du es für wichtiger hältst, einen Kleinwagen kaufen. Wieviel Geld ist Dir Dein Kontakt zur Universellen Lebensenergie wert?

Warum sollte ein Reiki-Meister seine Zeit verschenken und nicht auch Anspruch auf eine seinem Einsatz entsprechende Gegenleistung haben? Wie kann ein Baum wachsen, Schatten spenden, Sauerstoff herstellen und Früchte tragen, die andere ernähren, ohne Wasser, Kohlendioxid und Nährstoffe aufzunehmen? Hast Du schon mal eine Pflanze erlebt, die freiwillig "Nullwachstum" propagiert? Es ist leicht, Geld auszugeben. Es gibt so viele schöne Dinge, die wir haben möchten. Wenn wir sie uns nicht alle auf einmal leisten können, kommt oft der Gedanke, sie müßten billiger sein. Doch in der Begrenzung unserer Möglichkeiten liegt eine wichtige Hilfe für uns: Wir müssen uns entscheiden und überlegen, was für uns zur Zeit am wichtigsten ist. Reiki ist nicht unbedingt notwendig für jeden Menschen.

Du kannst glücklich und gesund sein ohne Reiki, Du kannst zur Erleuchtung kommen und anderen Menschen den Weg finden helfen, ohne Reiki. Glaube nicht, Du wärst auf irgend etwas ausschließlich angewiesen, um ein sinnerfülltes, schönes Leben zu führen. Wenn Du Reiki in Deinem Leben möchtest, wie schön, aber dann gib auch dem Menschen, der Dir liebevoll und verantwortungsbewußt dabei zur Seite steht, einen angemessenen Energieausgleich (es muß nicht unbedingt Geld sein).

Aus diesen Gründen ist es m. E. auch nicht notwendig, Sozialhilfeempfänger oder Arbeitslose umsonst oder zu ermäßigten Konditionen in einen Reiki-Grad einzuweihen. Auf einen Urlaub oder einen neuen Fernseher zu sparen, ist doch auch ganz normal. Warum nicht auf einen Reiki-Grad?! Wenn Du in Dir den Wunsch verspürst, Reiki-Kanal zu werden, mach Dir klar, daß diese Fähigkeit ein Geschenk ist, das Du nie bezahlen könntest. Der Reiki-Meister, der Dich einweiht, setzt alles was er kann ein, um Dir den Zugang zu der Energie zu geben und Dir dabei zu helfen, mit ihr und ihren Wirkungen umzugehen. Er steht Dir auch nach dem Seminar noch zur Seite, wenn Du Fragen hast und hat sich mühevoll die Fähigkeiten erworben, die er dazu braucht, Dir zu helfen.

Wenn Dir dieser Einsatz nichts oder nur wenig wert ist, besuche ein Seminar zu einem anderen Thema, dessen Wert Du für Dich akzeptieren kannst. Nimmst Du an einem Reiki-Seminar teil und bist von dem Wert nicht überzeugt, betrügst Du Dich selbst. Sei ehrlich und handle konsequent. Damit kommst Du einen großen Schritt auf Deinem Weg voran, egal wofür Du Dich entscheidest. Ein Reiki-Grad sollte niemals etwas sein, was Du "auch noch mal mitnimmst".

Dies soll für das Erste als Denkanstoß genügen. Es gibt noch sehr viel mehr zu diesem Thema zu sagen, doch halte ich es für besser, die weiterführenden Gedanken in die folgenden Kapitel über die Reiki-Grade einzubringen, damit es nicht zu abstrakt wird.

Nun bist Du sicher neugierig, worum es beim 1. Grad geht. Welcher Teil des Reiki-Weges sich Dir mit den Einweihungen erschließt und wie Du das Beste für Dich daraus machen kannst. Davon handelt das folgende Kapitel. Blättere um und schau Dir den Einstieg in Reiki, den Weg der heilenden Liebe, an.

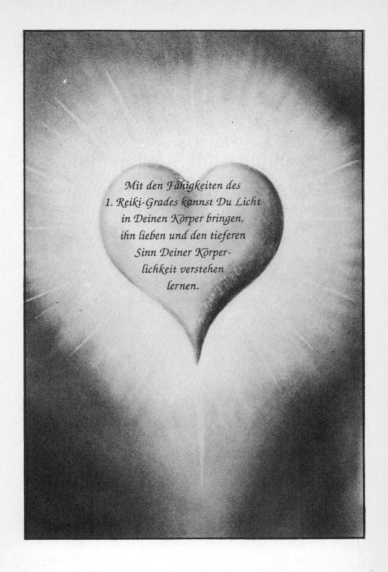

# 3. Kapitel

# Der 1. Reiki-Grad

Um mit der Reiki-Energie zu arbeiten, ist es unbedingt notwendig, von einem Reiki-Meister die vier Einweihungen in den 1. Grad zu bekommen. Dazu gibt es verschiedene Arten von Seminaren, die ich Dir kurz vorstellen möchte, damit Du weißt, was Dich erwartet, falls Du noch keine Einweihung bekommen hast. Wenn Du schon Reiki-Kanal bist – überlies diesen Abschnitt des Kapitels oder schnupper mal rein, um zu sehen, was es alles an Möglichkeiten gibt, in das Usui-System des Reiki eingeführt zu werden. Vielleicht kennst Du die eine oder andere noch nicht.

## Das Seminar

Es gibt verschiedene Arten des 1. Grad-Seminares. Es kann an einem Abend und zwei weiteren Tagen oder nur an zwei Tagen als Wochenendseminar durchgeführt werden. Wird es als Abendkurs unter der Woche organisiert, sollten vier Abende eingeplant werden. Ist es ein Ferienkurs, kann es auch drei oder vier volle Tage dauern. Es sollte niemals an nur einem Tag mit allen vier Einweihungen abgehalten werden, da jeder Teilnehmer unbedingt Zeit braucht, um die durch den Kontakt mit der Universellen Lebensenergie ausgelösten Prozesse zu durchleben. An das Seminar schließt sich eine Zeit von drei bis sechs Wochen an, während denen bei jedem Eingeweihten wichtige Wachstumsprozesse ablaufen. Ebenso reinigt sich der Körper auf allen Ebenen in dieser Zeit. Geh während dieser Phase achtsam mit Dir um. Ruhe begünstigt Bewußtwerdungsprozesse.

Aus diesen Gründen halte ich wenig von 2. Grad-Einweihungen, die direkt oder im Abstand von zwei oder drei Wochen auf ein 1. Grad-Seminar folgen. Selbstverständlich "funktioniert" dann die Einweihung auch, jedoch kommen die emotionalen und charakterlichen Entwicklungsprozesse zu kurz. Wachstum braucht Zeit. Viel und schnell ist nicht unbedingt mehr, wenn es um das Aufblühen Deiner Seele geht.

Das 1. Grad-Seminar wird von jedem Reiki-Meister anders gestaltet. Bestimmte Bestandteile, wie die vier Einweihungen, das Erzählen der Reiki-Geschichte und die Einweisung in eine Form der Ganzbehandlung und andere Techniken, Reiki anzuwenden, sind zwar immer gleich, alles andere aber wird entsprechend der Persönlichkeit und den Interessen des jeweiligen Meisters geplant.

Diese Art der Seminargestaltung trägt mit dazu bei, den Ablauf lebendig und spannend zu erhalten. Feste Konzepte behindern die Spontanität des Seminarleiters und damit auch die der Teilnehmer. Oft sind auch die Seminare ein und desselben Meisters etwas unterschiedlich voneinander aufgebaut. Wir ändern uns ständig und damit wandeln sich die Schwerpunkte unserer Interessen. Auf diese Lebendigkeit einzugehen, paßt sehr gut zu der Qualität der Reiki-Energie, die ja individuell wirkt.

Während meiner 1. Grad-Seminare, die meistens von Freitagabend bis Sonntagnachmittag laufen, beobachte ich immer wieder ein ähnliches Verhalten bei den Kursteilnehmern: Am Freitag ist die Stimmung sehr kopfig und skeptisch. Kritische Fragen werden gestellt und die Beteiligten reagieren sehr zurückhaltend. Nach der ersten Einweihung sind die Menschen verwirrt, tief bewegt und plötzlich sehr viel mehr bei ihren Gefühlen. Erste Kontakte werden zwischen den Seminarbesuchern geknüpft, während Reiki-Behandlungen oder Erfahrungen, die während der Einweihungen gemacht wurden, ausgetauscht werden und die Atmosphäre wird besinnlicher. Zum Abschluß der Sitzung rate ich den Teilnehmern, nach jedem Seminartag vor dem Schlafen lauwarm zu Duschen, um die gelösten disharmonischen Energien aus der Aura zu spülen; klares Wasser, möglichst ohne

*Szene aus einem Reiki-Seminar zum 1. Grad*

Kohlensäure zu trinken, um die durch Reiki angeregten Lebensprozesse zu begünstigen, und wenn möglich, keinen Alkohol zu sich zu nehmen, um die Wahrnehmungsfähigkeit nicht zu behindern. Eine tendenziell auf vegetarische Rohkost ausgerichtete Ernährung während der Seminarzeit unterstützt die Neuorientierung der körperlichen und geistigen Strukturen, ist aber nicht unbedingt notwendig.

Am Samstag sind alle begeistert bei der Sache und persönliche Fragen kommen zur Sprache. Das Vertrauen ist schon sehr gewachsen. Nach den weiteren Einweihungen lockert sich die Stimmung immer mehr und gegen Abend verhalten sich alle wie eine große, liebevolle und lebendige Familie.

Am Sonntag herrscht beinahe Partystimmung. Die Teilnehmer sind sehr fröhlich und auch die, die sonst Schwierigkeiten mit Nähe und liebevollem Umgang haben, können sich öffnen. Zum

Schluß ist es wie mit langjährigen guten Freunden. Und tatsächlich entstehen während der 1. Grad-Seminare auch viele tiefe Freundschaften. Die wohl am häufigsten während des Kurses gestellte Frage lautet:

## Was passiert während der Einweihungen?

"Warum ist da so ein Geheimnis drum? Warum soll ich die Augen geschlossen halten? Was machst Du da eigentlich mit mir?". Ich finde diese Fragen sehr verständlich. Niemand kann erwarten, daß ein Mensch ein Ritual mit geschlossenen Augen über sich ergehen läßt, das so gewaltige Veränderungen bewirkt, wie die Reiki-Einweihung, ohne nicht zumindest einige Fragen auf der Zunge zu haben. Ja - was passiert bei den Einweihungen und warum sollen dabei die Augen geschlossen bleiben? Während der Einweihungen wendet ein Reiki-Meister die Symbole und Mantren an (heilige Worte, die bestimmte Energien aktivieren und leiten), die Dr. Usui in den alten Schriftrollen über die Methoden der Heilungen Buddhas fand. Durch seine Meister-Einweihung und das ihm von seinem Meister übergebene Symbol und Mantra ist er befähigt, damit für jeden Menschen eine bleibende Verbindung zur Quelle der Universellen Lebensenergie herzustellen.

Zu den Zeichen und Worten gehören weiterhin bestimmte Rituale, die nötig sind, um die Energie in bestimmte Körperbereiche zu leiten, die an der Kanalisierung der Reiki-Kraft beteiligt sind. Alle Techniken sind jedoch absolut nutzlos, sie funktionieren überhaupt nicht, wenn der Ausführende nicht die Meister-Einweihung auf traditionelle Art bekommen hat. Stell Dir als Analogie ein Radio vor. Es läuft nicht ohne Strom. Aus diesem Grund war es für Dr. Usui auch nachdem er die Schriftrollen gefunden hatte, nicht möglich mit Reiki zu arbeiten. Er wird es sicher probiert haben. Erst nach drei Wochen fasten und meditieren und durch die Gnade Gottes bekam er den Zugang zu der

Quelle der Universellen Lebensenergie, ohne den alle Techniken nicht anwendbar sind. Für den 1. Grad sind vier Einweihungen notwendig. Jede von ihnen hat eine andere Funktion. Wenn nicht alle Einweihungen an aufeinanderfolgenden Tagen, also maximal vier, gegeben werden, bleibt die Reiki-Kraft nicht und der Schutz vor Fremdenergien ist ebenfalls nicht wirksam.

Die Wirkung der Reiki-Einweihungen betrifft die Chakren nur indirekt. Sie löst auf einer sehr tief liegenden energetischen Ebene, dem Bereich des Rassen-Karmas, Schuld-Fixationen auf, die den Menschen von einem direkten Kontakt zur Universellen Lebensenergie abhalten. Deswegen sind, bis auf die Erlangung der Reiki-Fähigkeiten, auf die ich weiter unten noch eingehe, die geistigen und körperlichen Auswirkungen der Einweihungen bei jedem Menschen anders.

Zwar werden bestimmte Chakren von den Einstimmungen berührt, sie werden quasi als Tore benutzt. Die wirklichen Veränderungen finden aber auf viel tiefer liegenden Ebenen statt.

## Warum die Augen schließen?

Jeder Mensch braucht nur einmal in seinem Leben die Einweihungen in einen Reiki-Grad zu bekommen. Während der Rituale finden umfassende Harmonisierungs-Prozesse in ihm statt. Wenn er die Augen schließt und in sich hineinfühlt, kann er bewußt an diesem einmaligen Prozeß teilnehmen. Folgt er stattdessen den für ihn sowieso undurchschaubaren Bewegungen des Reiki-Meisters und überlegt sich dabei immerzu, was diese oder jene Bewegung wohl bewirkt, ist er nicht bei sich und bekommt kaum etwas von den phantastischen Dingen mit, die in ihm vorgehen. Es ist also im Interesse dessen, der eingeweiht wird, die Augen zu schließen. Außerdem kann natürlich der das Ritual ausführende Meister ungestörter und konzentrierter arbeiten, wenn nicht sechs oder acht Augenpaare gebannt seine Bewegungen beobachten.

# Warum ist das Einweihungsritual geheim?

Wenn nun sowieso niemand außer einem eingeweihten Reiki-Meister etwas mit dem Ritual anfangen kann, warum wird es dann so geheim gehalten?

Für mich besteht der Grund dafür allein in meinem Respekt vor der Quelle der Reiki-Kraft. Ich möchte nicht, daß irgendwelche Leute, womöglich in wissenschaftlichen Reihenversuchen oder als pseudomagisches Ritual, den Ablauf der Einweihung ausprobieren, weil sie hoffen, es könnte ja doch klappen. Für mich sind die Einweihungszeremonien etwas Heiliges. Ich möchte nicht, daß mit ihnen nutzlos herumgespielt wird. Dafür ist mir Reiki zu wichtig. Eine weitere, häufig gestellte Frage ist:

# Welche Kräfte werden durch die 1. Grad-Einweihung vermittelt?

Im wesentlichen sind dies fünf verschiedene Fähigkeiten:

1. wird der Eingeweihte ein Kanal für Reiki. Er kann diese Kraft jederzeit auf die Erde holen und durch seine Hände weiterleiten, wenn sie benötigt wird. Dazu braucht er sich nicht zu konzentrieren, bestimmte Übungen zu vollziehen oder seine Lebensgestaltung einzuschränken. Wird Reiki gebraucht, reicht es, die Hände aufzulegen oder über die Aura Kontakt zu dem Empfänger zu haben, um die Kraft fließen zu lassen.

2. Es wird eine Art Schutz errichtet, der verhindert, daß die persönliche Energie des Reiki-Kanals unbewußt mit zu dem Empfänger übertragen wird. Dies verhindert eine Schwächung des Behandlers und bewahrt den Behandelten davor, auf der energetischen Ebene mit den disharmonischen Strukturen des anderen konfrontiert zu werden. Ist dieser Schutz nicht vorhanden, kann es passieren, daß manche Energien des Behandlers in

das innere Energiesystem des Empfängers eindringen und bleiben.

3. Der Reiki-Kanal bekommt einen Schutz, der verhindert, daß von dem Behandelten disharmonische Energien zu ihm übertragen werden. So bleibt der Behandler frei von Sympathie-Erkrankungen und ernsthaft störenden Fremdenergien.

4. Die Sensibilität gegenüber feinstofflichen Energien wird gesteigert. Viele Menschen bemerken nach dem 1. Grad-Seminar ganz neue Wahrnehmungen in ihren Händen, wenn sie sie irgendwo längere Zeit auflegen.

5. Alle diese Fähigkeiten werden für immer tief in der Persönlichkeit des Eingeweihten verankert. Sie lassen sich durch nichts wieder auflösen.

Aus diesem Grund braucht jeder Mensch nur einmal in seinem Leben die Einstimmungsrituale mitzumachen. Jeder, der an den Einweihungen eines 1. Grad-Kurses teilnimmt, bekommt diese Fähigkeiten. Fehlgeschlagene Einweihungen gibt es nicht, solange sie von einem traditionell ausgebildeten Meister mit den überlieferten Symbolen, Mantren und Ritualen vorgenommen werden. Vielleicht klingt dies in Deinen Ohren etwas anmaßend. Fehler machen doch schließlich alle Menschen. Warum nicht auch Reiki-Meister! Aber es ist nicht der Meister, der letztlich die Einweihung vornimmt. Er stellt nur den Kontakt zu der Quelle der Universellen Lebensenergie her und dient als Kanal für die Kraft. Alles andere wird von 'oben' bewirkt.

Was Menschen tun ist fehlerhaft und vergänglich. Ein Bund der von Gott geschlossen ist, unterliegt jedoch nicht den Gesetzen der materiellen Welt.

# Wie das persönliche Wachstum durch Reiki angeregt wird

Noch etwas geschieht durch den Kontakt mit der Universellen Lebensenergie. Es ist keine besondere Fähigkeit, aber es verändert das Leben eines Menschen nachhaltig: Es ist die Öffnung des Herzens. Ein Beispiel dazu: Bevor ich den 1. Grad bekam, fiel es mir sehr schwer, andere Menschen zu umarmen. Wenn in der Therapiegruppe, an der ich teilnahm, jemand traurig wahr, überlegte ich solange, ob es wohl richtig wäre, ihn zu trösten, bis die Situation vorbei war. Ich hatte Angst vor der Nähe. Zwei Tage nach dem 1. Grad war wieder eine solche Situation und spontan nahm ich meinen Nachbarn in die Arme. Nachher wunderte ich mich selbst über meine spontane Reaktion. Ich hatte mich nicht bewußt darauf vorbereitet. Es lief alles einfach und natürlich ab. Seither habe ich bei anderen immer wieder nach ihrer Teilnahme an einem 1. Grad-Kurs ähnliche Verhaltensnormalisierungen beobachtet.

Durch den Kontakt mit der Universellen Lebensenergie finden tiefgreifende Veränderungen in einem Menschen statt. Der göttliche Funke in ihm bekommt durch die Einweihungen einen beständigen Kontakt zu dem großen göttlichen Licht außerhalb. Jedesmal wenn Reiki gebraucht wird, strömt es über den Scheitel des Menschen zu seinem Herzen und wird von dort weitergeleitet an die Hände. Das Herzzentrum nimmt dabei immer etwas von der Reiki-Kraft auf, die es übermittelt. Je mehr ein Mensch seine Aufmerksamkeit dort verweilen läßt, desto mehr hat das Herzchakra Gelegenheit, sich zu entwickeln. Denn dorthin, wo das Bewußtsein ist, strömt die Energie leichter. Aus dieser Entwicklung ergeben sich die vielen persönlichen Veränderungen nach einem Reiki-Seminar.

Das Herzzentrum organisiert auf allen körperlichen und geistigen Ebenen die Energie der Einheit und hilft damit, Ängste aufzulösen und begünstigt Bestrebungen, Verstand und Gefühl zusammenarbeiten zu lassen. Es ist wichtig, daß Du diesen Punkt wirklich verstehst. Er erschließt Dir die Wirkungsmechanismen von Reiki auf der geistigen, charakterlichen Ebene: Reiki begünstigt die Entwicklung eines Menschen zu Liebe, Angstfreiheit, Wahrheit und Erkenntnis, aber es ruft sie nicht automatisch hervor, wie die weiter oben beschriebenen fünf Fähigkeiten, die immer durch die Einweihungen des 1. Grades vermittelt werden.

Es hängt also von dem freien Willen eines Menschen ab, ob er den Weg zum Licht mit Reiki gehen will. Er muß sich für diesen Weg interessieren, seine Aufmerksamkeit im direkten und übertragenen Sinne zu seinem Herzen lenken, um die Entwicklung einzuleiten und zu unterhalten. Jede dorthingerichtete Bestrebung wird dann von der Reiki-Kraft enorm verstärkt. Dieser Vorgang wirkt wie eine Art kosmisches Hebelgesetz.

Mikao Usui erkannte diesen Wirkungszusammenhang nach seinen Erlebnissen in dem Bettlerviertel und stellte deshalb die fünf Lebensregeln auf. Jede von ihnen berührt den Aspekt der Einheit, der Liebe, in einem der fünf Hauptchakren: Wurzelchakra – Aggressionsenergie (Gerade heute ärgere Dich nicht!), Sexualchakra – Energie der Lebensfreude (Gerade heute sorge Dich nicht!), Solarplexuschakra – Gestaltungsenergie (Verdiene Dein Brot ehrlich!), Halschakra – Energie des Selbstausdrucks (Versuche liebevoll mit den Wesen in Deiner Nähe unzugehen), Stirnchakra – Erkenntnisenergie (Sei dankbar für die vielen Segnungen).

Das Herzchakra wird dabei ausgespart, denn dort befindet sich ja das Zentrum der einheitfördernden Kraft der Liebe. (Nähere Informationen zu den Chakren und ihren Funktionen findest Du im Anhang.) Die Reiki-Lebensregeln sind die für das geistige Wachstum nötige Ergänzung zur Reiki-Energie. Wenn Du Dich mit ihnen beschäftigst, Erfahrungen mit Deiner Haltung zu den Inhalten sammelst, Dich bemühst, Zugang zu ihren Aussagen zu bekommen, bist Du mit Deiner Aufmerksamkeit bei der Kraft der

Liebe auf allen Deinen körperlichen und geistigen Ebenen. Dies ist die Voraussetzung dafür, daß regelmäßige Reiki-Behandlungen Dich auch geistig dem Licht näherbringen.

Eines solltest Du aber auf keinen Fall tun: Die Lebensregeln sklavisch zu befolgen versuchen. Drill hat nichts mit Liebe zu tun. Wenn Du Dich ärgerst, kannst Du den Ärger nicht einfach abschalten. Gefühle sind vorhanden und das Einzige, was Du mit ihnen anstellen solltest, ist, Deinen Verstand dazu zu verwenden, ihnen einen angemessenen und die Harmonie fördernden Ausdruck zu ermöglichen. Als Beispiel: Wenn Du wütend auf einen Kollegen bist, dann schrei Deine Wut während der Heimfahrt im Auto heraus oder donnere zuhause Kissen an die Wand. Gefühle müssen eine körperliche Ausdrucksmöglichkeit haben, sonst bilden die festgehaltenen Energien mit der Zeit einen behindernden Panzer aus verspannten Muskeln. Die Ursache für Deine Gefühle liegt immer in Dir. Ein anderer löst sie in Dir aus. Er könnte aber nichts auslösen, was nicht schon da ist. Es sind Deine Energien. Lebe sie aus und mache niemand anders dafür verantwortlich. Beschäftige Dich mit dem Sinn der Lebens-Regeln, fühle Dich hinein und gib Dir regelmäßig Reiki. Alles andere passiert automatisch, solange Du Dir keine Zwangsjacke über Deine Gefühle stülpst, die Dein lebendiges Wachstum behindert.

Fassen wir nocheinmal zusammen: Regelmäßige Reiki-Behandlungen aktivieren Deine Selbstheilungs- und Selbstreinigungskräfte auf den körperlichen Ebenen. Wenn Du möchtest, daß Deine geistigen Strukturen ebenfalls zur Heilung angeregt werden, beschäftige Dich mit den fünf Lebensregeln oder ähnlichem Gedankengut, um Deine Aufmerksamkeit in eine wachstumsfördernde Richtung zu lenken. Die regelmäßigen Reiki-Sitzungen werden Deine Bestrebungen unterstützen.

# Die praktische Arbeit
## mit den Reiki-Lebensregeln

Vielleicht geht es Dir jetzt so wie mir, als ich die Lebensregeln zum ersten Mal sah. Ich wußte überhaupt nicht, wie ich mich mit ihnen beschäftigen sollte. Mit der Zeit lernte ich dann einige Methoden kennen, die es mir leichter machten, mich auf sie einzulassen. Hier ist eine besonders einfache und wirksame, die Du bei der Arbeit mit allen Regeln verwenden kannst: Nimm Dir einen Satz vor. Lies den Text laut. Lausche dem Klang Deiner Worte nach. Spüre in Dich hinein und nimm die Gefühle wahr, die durch die Worte ausgelöst werden. Zensiere sie nicht. Nimm nur wahr. Setze Dich in Gedanken neben Dich und schau zu, wie Dein Geist zu der Lebensregel Stellung nimmt. Sich über sie aufregt, sie lustig findet oder genau erklärt, warum sie undurchführbar ist. Wenn Du Dir eine Weile so zugehört hast und bemerkst, daß nichts Neues mehr kommt, nimm Dir ein Blatt Papier und schreib' alles auf. Wieder unzensiert, so, wie es Dir in den Kopf kam. Damit hast Du den Ist-Zustand für Dich festgestellt.

Wenn Du ehrlich mit Dir warst, weißt Du jetzt, inwieweit Du diese Lebensregel annehmen kannst. Natürlich kannst Du Dir auch vorschwindeln, Du kämst damit wunderbar zurecht und die praktische Umsetzung dieses Satzes würde sowieso jeden Tag in Deinem Leben stattfinden. Wenn dem so ist, dreh' Dich um und schlaf weiter! Es gibt keinen Menschen, der diese Regeln jeden Moment befolgen kann. Darum geht es auch gar nicht.

Ein Baum strebt mit seinem Wachstum der Sonne entgegen. Erreichen wird er sie hier auf der Erde nie. Vorher stirbt er. So sieht es auch mit den Reiki-Lebensregeln aus. Mach Dir klar, daß es nie soweit kommen wird, daß Du sie wirklich in Deine Persönlichkeit integriert hast. Die einzige Art und Weise, sie für Dich praktisch verwendbar zu machen, ist die Beschäftigung mit ihrem Sinn, das Sammeln von Erfahrungen durch ihre Anwendung, wenn es Dir möglich ist, und die Bewußtmachung Deines jeweiligen Standpunktes in Bezug zu den Regeln. Genausowenig wie Reiki sollen die fünf Sätze ein Gefängnis für Deine Gefühle sein. Sie sollen Deinem Bewußtsein helfen, freier zu werden. Dies geht nur, indem Du Deine Unzulänglichkeiten kennen und lieben lernst, Dir Deines gefühlsmäßigen Zustandes möglichst oft bewußt wirst und Dir nicht einredest, Du wärst vollkommen oder könntest es jemals hier auf der Erde sein. Neben dieser allgemeinen Übung gibt es auch noch einige spezielle "Trainingsmethoden" zu jeder der fünf Lebensregeln.

## Übungen zu den einzelnen Regeln

### *Gerade heute ärgere Dich nicht!*

Nimm Dir diesen Satz als Tagesmotto und versuche, Dich nicht zu ärgern. Fühlst Du Ärger in Dir aufsteigen, sagst Du Dir, "Ich bin nicht ärgerlich!" und fühlst dabei in Dich hinein, wie es Dir mit dieser Anweisung geht. Sei dabei ehrlich und schummle nicht. Sonst wird die ganze Sache zu einer Farce. Eine normale Reaktion auf dieses "Ärgerverbot" ist, daß Du Dich mit der Zeit darüber ärgerst, Dich nicht mehr ärgern zu dürfen. Oder, daß Du den Ärger verdrängst und über "gerechtfertigte kritische Äußerungen" abläßt, die andere zwar verletzen, Dir aber die Möglichkeit lassen, Verstecken mit Deinen Aggressionen zu spielen, weil Du ja einen guten Grund vorweisen kannst.

Diese Masche nenne ich für mich die "Managermethode", weil sie in der Wirtschaft so gern praktiziert wird. Hast Du einen sehr starken Willen, kannst Du den Ärger länger unterdrücken, vielleicht sogar solange, bis er organische Symptome in Form von unnormalen Blutdruckwerten oder Magenproblemen bewirkt. Eine sehr wirksame Fluchttechnik vor Wut, die besonders in der esoterischen Szene verbreitet ist, ist der "Stellvertreterkrieg". Du suchst Dir irgendwelche "Schwarzen", "dunkle

Mächte", die "böse Weltregierung", "Dämonen" oder was sonst noch so an hassenswertem Viehzeug in der Unterwelt rumkreucht, und beginnst einen rhetorischen Kampf mit ihnen, indem Du ihnen alle schlimmen Dinge der Welt in die Schuhe schiebst, von der Wirtschaftskrise bis zum nahenden (und von "seriösen" Propheten vorhergesagten) Weltuntergang.

Natürlich kann die Auseindersetzung auch gegenständlicher ablaufen, indem Du glaubst, von "dunklen Mächten" bedroht zu werden und mit Gebeten, Meditationen und Visualisationen (oder was Dir sonst so einfällt) gegen sie zu Deinem, aber besonders zum Wohl der Welt, ankämpfen zu müssen. Schau Dich ein bißchen in der Eso-Szene um, dann wirst Du in aller Farbenpracht die abenteuerlichsten Auswüchse dieser Aggressionsverdrängung erblicken.

Solange Du die disharmonischen Elemente außerhalb von Dir suchst und die in Dir nicht sehen willst, wirst Du mit allen spirituellen Energien, die Dir zur Verfügung stehen, dafür sorgen, in der Außenwelt welche zu schaffen. Nach dem alten spirituellen Gesetz, 'Wie Innen, so Außen!', wird Dir um so mehr Dunkles begegnen, je mehr Du in Dir unerlöste disharmonische Strukturen ansammelst, bis Du allein als vermeintlich letzter guter Mohikaner das Licht in der Welt zu verteidigen glaubst.

So geht es also nicht. Die Regel ist nicht lebbar! Oder doch? Wie wäre es mit dem folgenden Vorschlag: Du nimmst *"Gerade heute ärgere ich mich nicht!"* als Anlaß, Dir über die Auslöser und Ursachen Deines Ärgers Bewußtsein zu schaffen. Einen Anfang machst Du bereits, wenn Du die Vorschläge des letzten Absatzes ausprobierst und Deine eigenen Methoden erkundest, mit denen Du Ärger verdrängst, projizierst oder sonstwie aus Deinem Bewußtsein schaffst. Schreib Dir Deine Verhaltensweisen auf und achte bei den nächsten Gelegenheiten darauf, welche von ihnen Du in welcher Form benutzt. Es kann sehr spannend sein, sich auf diese Art beim Versteckspielen zuzuschauen. Du wirst Deine ungeheure Kreativität kennen und (ich hoffe es) lieben lernen, mit der Du Deine Weste nach Außen hin rein hältst. Da ist ein ungeheures Potential in Dir. Wenn Du es Dir bewußt machst, seine Stärke erkennst und es annimmst, als Teil Deiner Selbst, kannst Du es später auch für andere, harmonischere Zwecke einsetzen. Vielleicht kannst Du mit der Zeit auch über die Ausweichmanöver lachen. Bei einer Komödie im Fernsehen tust Du das ja auch. Sobald Du dies gelernt hast, hast Du Dir ein großes Stück Freiheit und Liebesfähigkeit erobert. Und als Folge davon wirst Du Dich weniger oft ärgern... !

Eine andere wichtige Erkenntnis kannst Du gewinnen, indem Du überprüfst, warum Du Dich ärgerst. Alle Menschen regen sich jeden Tag über viele, viele Dinge auf, die mit ihnen direkt überhaupt nichts zu tun haben, sie gar nicht betreffen. Irgendetwas daran muß es aber geben, das sie auf die Palme bringt und zu ironischen Kommentaren oder anderen wütenden Reaktionen veranlaßt. Nur in wenigen Fällen hat dieser Sachverhalt wirklich etwas mit dem Wut-Auslöser zu tun.

Da gibt es irgendetwas, das den betreffenden Menschen an einem wunden Punkt trifft. An einer Stelle, die er geschickt vor sich und anderen verbirgt. Wird sie ihm unübersehbar vor Augen geführt, reagiert sein Unterbewußtsein panisch. "Jetzt muß ich unbedingt allen zeigen, daß das auf keinen Fall zu mir gehört! Sonst glauben die, ich wäre auch so und keiner mag mich mehr!"

Mit jedem wunden Punkt in Dir, den Du kennenlernst und als schützenswert bewußt annimmst, wird Dein Ärger abnehmen. Ärger ist eine Notreaktion. Lerne, Dich mit Deinen Schwächen und dunklen Flecken auf der Weste anzunehmen und es wird Dir weniger Schwierigkeiten bereiten, "Gerade heute ärgere Dich nicht!" zu leben. Du wirst Dir damit eine Unmenge an Kraft erschließen, die bisher im Ärger nutzlos verpuffte. Der Weg dorthin ist unendlich lang, aber es lohnt sich, zum Licht zu wachsen. Mit jedem Schritt zur Liebe wird es heller in Dir werden.

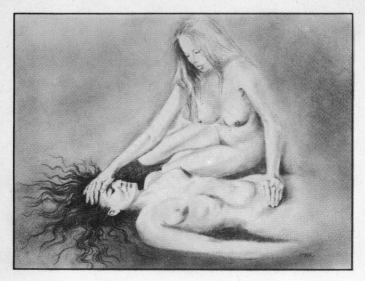

*Ausgleich von Stirn- und Wurzelchakra*

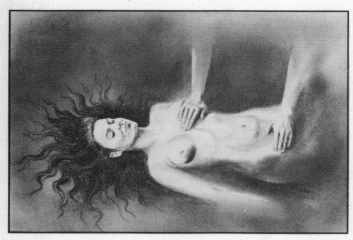

*Ausgleich von Herz- und Wurzelchakra*

*Spezielle Reiki-Handpositionen zu dieser Regel*
Eine Hand auf der Stirn (3. Auge), die andere auf dem Schambein (Bereich des 1. Chakras). Eine Hand auf dem Herzchakra, die andere auf dem Schambein (siehe Abbildungen).

### *"Gerade heute sorge Dich nicht!"*

So wie der Ärger, die Energien des Wurzelchakras blockiert, blockiert die Sorge das Sexualchakra, daß ich lieber als Lebensfreude-Chakra bezeichne, denn die Freude wird hier auf allen Ebenen organisiert. Es gibt eine einfache Übung, die festgehaltene Lebensfreude-Energie wieder in Fluß zu bringen: Lache bewußt etwa 15 Minuten lang, wenn Dich Sorgen niederdrücken.

Zuerst wird es Dir wahrscheinlich sinnlos vorkommen. "Warum soll ich lachen, wenn es mir schlecht geht?". Aber probiere es! Mit der Zeit wird Dein Lachen immer freier werden und gegen Ende der Übung wirst Du bemerken, daß sich auch geistig einige Strukturen gelockert haben. Du bist wieder bei der Freude, dem natürlichen Zustand aller Lebewesen. Gib Dir vor und nach dieser Übung Reiki auf den Unterleib, die Nieren, den Herz- und Solarplexusbereich und den Hals. Es ist durchaus möglich, Krankheiten, die nichts anderes sind, als eine Stauung im Fluß der Freude, wegzulachen. Lachen ist auch eine gute Abwehr gegen schwarz-magische Beeinflussung. Es ist ansteckend. Wenn jemand in einer gefühlsmäßig verbundenen Gruppe eine Weile lacht, werden die anderen irgendwann mitlachen. Freude breitet sich aus und belebt, was erstarrt war. Dieses Gesetz kannst Du nutzen, um Dich zu beleben. Lachen muß keinen Grund haben. Tu es nur, um des Lachens willen. Das ist meditatives Lachen. Wenn Dir das zur Zeit nicht möglich ist, lies Comics oder lustige Bücher (siehe Literaturempfehlungen). Schau Dir komische Filme an und triff Dich mit Menschen, um mit ihnen herumzublödeln.

Ich habe immer wieder bemerkt, daß ich für Reiki sehr viel offener bin, wenn ich mir gestatte, meine Fröhlichkeit auszuleben. Verwechsle diese Art zu Lachen nicht mit dem Lachen aus Schadenfreude. Diese Ausprägung ist zwar häufig anzutreffen, aber es ist eben Schadenfreude – Freude, die schadet. Lachen und Freude sind die tiefsten Ausdrucksformen menschlicher Dankbarkeit an unseren Schöpfer. Was kann es Schöneres für Gott geben, als wenn sich seine Kinder an der für sie geschaffenen Welt freuen. Der Sinn der Regel *"Gerade heute sorge Dich nicht!"* ist es, Dir die Kraft der Freude zu demonstrieren; das Leben, das sie bringt.

Wenn Du jetzt sagst, "Ich kann mich nicht freuen, dazu gibt es viel zu viel Schlechtes und Belastendes in der Welt!", dann mach einmal das folgende Experiment: Nimm Dir einen Urlaubstag oder besser ein Wochenende und mach Dir Deine Sorgen bewußt. Male Dir Deine schlimmsten Befürchtungen so farbig wie möglich aus: Dein Partner betrügt und verläßt Dich. Du wirst entlassen und niemand will Dich wieder anstellen. Du bekommst kein Geld vom Arbeitsamt, weil der Rausschmiß Deine Schuld war. Die Nachbarn und Freunde verlassen Dich und verweigern Dir sogar den Gruß auf der Straße. Krieg kommt, Hungersnot und Reaktorkatastrophen, Krankheit und Weltuntergang brechen über Dich herein. Nichts kann diese Ereignisse aufhalten! Du bist zu unendlichem Leid verurteilt und von Gott und allen guten Mächten verlassen. Wie geht es Dir damit?

Fühle in Dich hinein, weine wenn Du kannst, jammere und klage. Spüre die Agonie, die Starre, die die Sorgen in Dir bewirken. Mit diesen Vorstellungen bewegst Du Dich gefühlsmäßig, energetisch, in Richtung Tod. Dieses Gefühl breitet sich auch in Deiner Umgebung aus, denn alle Gefühle, nicht nur die positiven, sind ansteckend. Mach Dir diesen Zusammenhang klar! Dann schau aus dem Fenster hinaus, nimm Deine Umgebung wahr. Ist Deine Situation jetzt wirklich so katastrophal? Wohl kaum! Es sind nur Deine Gedanken, die die Brille Deiner Sinne einfärben – rosarot oder grau, und Du entscheidest, wie es sein soll. Du entscheidest, ob von Dir fröhliche, belebende

Schwingungen ausgehen oder Energien, die auch bei anderen Erstarrung bewirken können! Wenn es wirklich einen aktuellen Anlaß zur Sorge gibt, geh in die Sorge mit all deiner Bewußtheit hinein, hole alle Deine Katastrophenideen an das Licht. Weine und jammere, laß Deine Ängste und Sorgen aus Dir herausströmen. Danach bist Du wieder frei für die Freude des Lebens.

Stille Trauer bringt Krankheit, ausgelebte Trauer ist wie ein Großreinemachen, schütte das Wischwasser zum Schluß weg und sieh Dir an, wie toll alles nun glänzt, nachdem die Schmutzschicht abgewaschen ist. Wie alle Gefühle machst Du die Trauer zum Gift, wenn Du sie unterdrückst. Sie wird zum Lebenselixier, wenn Du sie als einen wichtigen Teil von Dir annimmst.

## *"Verdiene Dein Brot ehrlich!"*

Die praktischen Erfahrungen zu diesem Thema sind sehr einfach: überprüfe während eines Arbeitstages nur, wo Du unehrlich gegenüber anderen, aber auch gegenüber Dir selbst bei der Ausübung Deines Jobs bist. Du meinst, Du bist ehrlich? O.K., laß uns mal zusammen nachschauen! Wie oft machst Du eine Arbeit, zu der Du überhaupt keine Lust hast, weil Du glaubst, das müßte so sein? Wie oft machst Du weniger, als Du könntest und bestehst dennoch auf dem gleichen Lohn. Wie oft gibst Du Kunden oder Kollegen eine Antwort, die nur bewirken soll, daß sie glauben, Du wärst für sie da, in Wirklichkeit interessieren Dich ihre Fragen und Bedürfnisse einen Dreck! Wie verhältst Du Dich gegenüber dem Finanzamt? Gibst Du wirklich alles an, was Du verdienst? Wie oft betrügst Du Dich, indem Du einen Dienst machst, ohne eine ausreichende Gegenleistung zu bekommen oder zu fordern? Kannst Du wirklich hinter dem stehen, was Du tust oder beurteilst Du insgeheim Deine Tätigkeit als umwelt-, menschen- oder tierschädigend, ohne etwas zu ändern oder Dich zurückzuziehen? Die Liste ließe sich noch eine ganze Weile fortsetzen, aber ich glaube, Du verstehst jetzt, was ich meine.

Bei dieser Regel geht es um Wahrheit. Mit den Übungen zu

den ersten beiden Sätzen hattest Du schon Gelegenheit, Wahrheitliebe zu trainieren. Jetzt geht es ans Eingemachte! Die Aufforderung ist: "Hör auf, Dich zu belügen!", "Steh zu dem was Du tust oder ändere Dein Leben!". Damit ist nicht gemeint, Du solltest einen moralisch vollkommen einwandfreien Lebenswandel führen. Das ist auf die Dauer menschenunmöglich, zumal jeder Moral anders definiert. Aber Du kannst Dich darum bemühen und Dein Bestes tun, um diesem Ziel möglichst nahe zu kommen. Natürlich kannst Du auch die Hände in den Schoß legen und gar nichts mehr tun. Doch wenn ich es mir recht überlege, ist das eigentlich auch unmoralisch. Wenn Du nichts machst, vergeudest Du Deine Talente, die der Welt helfen könnten. Mach Dir klar, daß Du niemals fehlerfrei handeln kannst. Bemühe Dich trotzdem darum und stehe zu Deinen Fehlern. Sie gehören zu Dir, wie der Rest auch. Sie sind genauso liebenswert, wie Deine perfekten Seiten. Ein geschliffener Diamant ist in gewissem Sinne vollkommen, aber er lebt nicht wie ein Mensch! Er kann nicht an seinen Schwächen wachsen und dadurch erkennen, was Liebe bedeutet. Um das zu ermöglichen, mußte erst der Mensch erfunden werden. *"Verdiene Dein Brot ehrlich!"* kann Dir helfen, Deine Machtansprüche loszulassen, indem Du Dich zu ihnen bekennst. Die christliche Beichte hat eine ähnliche Funktion. Es kann eine wichtige Erfahrung sein, einige Zeit hindurch jeden Abend aufzuschreiben, worüber Du Dich schämst, wann Du gelogen hast, wann Du jemanden absichtlich verletzt oder benachteiligt hast, eben wann Du menschlich warst. Schau es Dir an, lies es noch einmal laut vor, sprich ein Vater-Unser und verbrenne dann das Papier in der Gewißheit, daß Du damit sofort und vollständig von aller Schuld freigesprochen bist. Später reicht es, diese Übung in Gedanken zu vollziehen, denn sie wirkt auch so.

Irgendwann kannst Du auch dies aufgeben, wenn Du die Sicherheit von Gottes Vergebung verstanden hast. Die Rituale sind für die Menschen, Gott hat schon vorher alle Schuld von Dir genommen. Indem er Dich geschaffen hat, hat er aller Welt

*Ausgleich von Herz- und Solarplexuschakra*

*Ausgleich von Stirn- und Solarplexuschakra*

mitgeteilt, daß er Dich genauso will, wie Du bist. Du bist richtig, schön und liebenswert wie Du bist und nichts in der Welt kann Dich von der Quelle der Liebe trennen. Wenn Du die Überzeugung, schuldig zu sein, losläßt, öffnest Du Dich für Liebe und damit für Heilung auf allen Ebenen. Solange Du schuldig sein willst, ist eine wirkliche Heilung unmöglich.

*Reiki-Handpositionen zu dieser Regel:*
Solarplexus und Herz; Solarplexus und Stirn (3. Auge) siehe Abbildungen.

### "Versuche liebevoll mit den Wesen in Deiner Nähe umzugehen"

Diese Lebensregel baut auf den Erfahrungen und der Bewußtseinsbildung auf, die Du bei der Beschäftigung mit der letzen Regel gewonnen hast. Wenn Du ehrlicher zu Dir bist und zu Deinen Schwächen stehst, sie nach und nach lieben lernst, ermöglicht Dir dieser Fortschritt nach dem Gesetz "Wie Innen, so Außen!" mit den Wesen in Deiner Umgebung, die Dich in allen Deinen Wesenszügen wiederspiegeln, liebevoller umzugehen. Es ist sehr spannend, diese Regel im Alltag auszuprobieren.

Sei mal einige Stunden lang richtig nett zu den Leuten, denen Du begegnest. Nicht nur, wenn sie auch nett sind. Ganz ohne Vorbedingung und sogar, wenn sie sich Dir gegenüber wie richtige "Stinkstiefel" benehmen. Du wirst erstaunt sein, wie verwirrt und unsicher Deine Mitmenschen auf diesen ungewohnten Umgangston reagieren. Schreibe danach bei der nächsten Gelegenheit die Gefühle auf, die bei Dir bemerkbar geworden sind. Geht es Dir gut mit Deiner Freundlichkeit, fühlst Du Dich unsicher, ausgeliefert? Oder vielleicht sogar sicherer als sonst? Sammle auch mit dem anderen Extrem Erfahrungen. Gestatte Dir für ein paar Stunden richtig unausstehlich zu sein. Natürlich ist es wichtig, vorher die passende Umgebung für diese Übung auszusuchen. Sonst mußt Du Dich hinterher mit den Reaktionen Deiner

Mitmenschen auseinandersetzen, die dieses Spiel verständlicherweise gar nicht lustig fanden.

Optimal lassen sich solche Spiele in einer Selbsterfahrungsgruppe durchführen. Es ist ein geschützter Raum, in dem Du innerhalb sehr weiter Grenzen ausprobieren kannst, wie Du Dich mit einem neuen Verhaltensmuster fühlst. Alle sind dabei für Dich da und Du brauchst Dir keine Sorgen über unliebsame Konsequenzen zu machen. Vielleicht kennst Du ja einige Reiki-Freunde, die Lust hätten, mit Dir zusammen eine Selbsterfahrungsgruppe zu gründen, um besser mit den Lebensregeln umgehen zu lernen. Ergreif die Initiative und sprich sie an. Du schaffst Dir damit phantastische Lernmöglichkeiten und hilfst gleichzeitig den anderen zu wachsen.

Eine weitere Möglichkeit mit dieser Lebensregel zu trainieren, ist, Dir aufzuschreiben, was Du eigentlich unter "nett sein" und "nicht nett sein" verstehst. Mach das so konkret wie möglich und sprich den Text später mit einem guten Freund oder Deinem Lebensgefährten durch. Oft verstehen andere Menschen ganz andere Dinge darunter. Das hilft Dir, Deine Sichtweise zu relativieren. Es gibt ja nicht nur Deine Brille, durch die die Welt betrachtet wird. Wenn Dein "Mitspieler" Dir dann auch noch einige Situationen beschreibt, in denen er Dich als besonders nett oder besonders mies erlebt hat, kannst Du noch mehr wichtige Informationen zu diesem Thema bekommen.

Als letzten Tip: Leg Dir ein Notizbuch an und schreibe regelmäßig auf, wem Du gern was an Nettigkeiten gesagt oder für ihn getan hättest. Nimm Dir zum nächstmöglichen Zeitpunkt vor, dies nachzuholen und schaff Dir ganz bewußt die Gelegenheit dazu. Ja und was machst Du mit den "unnetten" Wünschen gegenüber Deinen Mitmenschen, die Du ihnen nicht mitteilen konntest? Nun, schaff Dir einen Punching-Ball an und kleb ein Foto des lieben Mitbürgers, dem Du gerne mal Deine Meinung sagen würdest darauf, wenn Du mit ihm trainierst. Nachher wirst Du Dich wunderbar entspannt fühlen und wieder in der Lage sein,

*Ausgleich von Herz- und Halschakra*

wirklich nett und liebevoll mit Deinen Nachbarn umzugehen. Schimpf ihn lautstark aus, wenn Du allein im Auto bist oder schmeiß zuhause Kissen an die Wand und sag alles das zu ihnen, was Du Deinem "Freund" immer schon gern mal gesagt hättest.

Dir fallen bestimmt noch mehr Möglichkeiten ein, um Dich abzureagieren, ohne anderen zu schaden – sei kreativ! Staust Du die Aggressionen nur in Dir auf, ohne sie auszuleben, wird das Ganze sonst bald zu einer Farce. Wenn Du magst, schau Dir dazu noch mal die erste Lebensregel an.

*Reiki-Handpositionen dazu:*
Eine Hand auf dem Herzen, die andere auf dem Hals; eine Hand vor dem Hals, die andere im Nacken oder beide Hände wie bei der fünften Kopfposition der Ganzbehandlung V-förmig vor dem Hals; eine Hand auf dem Hals, die andere auf dem 3. Auge; eine Hand auf dem Hals, die andere unterhalb des Buchnabels in Höhe

*Ausgleich von Hals- und Stirnchakra*

*Ausgleich von Hals- und Wurzelchakra*

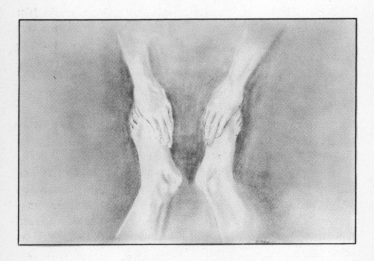

*Harmonisierung des Halschakras über die Fußreflexzonen*

des 2. Chakras. Beide Hände seitlich der Ballen der Großen Zehen an den Fußinnenseiten bis zur Fußmitte. (Siehe Abb.)

### *"Sei dankbar für die vielen Segnungen!"*

Dies ist vielleicht die Schwierigste Regel. Sie verlangt nichts Geringeres von Dir, als für alles das, was Du hast, bekommst, bist, lernen kannst usw., dankbar zu sein. Die Voraussetzung für einen Einstieg in die Praxis mit dieser Regel sind Erfahrungen und Bewußtseinsbildung mit den vier ersten Regeln. Du befindest Dich jetzt im Energiebereich des 3. Auges und Deine Lernaufgabe ist es, Machtansprüche loszulassen und Vertrauen und Dankbarkeit zu entwickeln. Wie geht das? Fangen wir mit dem einfachsten an. Mach mal wieder eine Liste. Diesmal notiere all die Dinge, für die Du dankbar sein kannst. Also alles, was nicht selbstverständlich für Dich da ist. Was ohne etwas Glück nicht für Dich da wäre. Was Du "unverdient" geschenkt bekommen hast, was Dir "zugefallen" ist.

Spüre, nachdem Du die Liste erstellt hast, in Dich hinein. Bist Du nun dankbar dafür? Oder fragst Du Dich, wie das eigentlich geht, dankbar sein? Nun, Du bist schon recht fortgeschritten im Dankbar-Sein-Üben, wenn Du die oben erwähnte Liste aufgestellt hast. Der erste Schritt dazu ist, Dir bewußt zu machen, was Du alles von der Welt geschenkt bekommst, ohne es Dir erleistet zu haben. Wenn Du dann merkst, wieviel das ist (vielleicht wird Dir irgendwann auch klar, daß es alles ist), was Du immerzu geschenkt bekommst und Du Dir denkst, "Hey, super, soviel Geschenke für mich!", bist Du dankbar.

Verwechsle bitte Dankbarkeit nicht mit Austausch nach dem Prinzip der Gegenleistung. Vielleicht hast Du schon mal zu hören bekommen: "Dafür könntest Du ja wenigstens ein bißchen dankbar sein!". Gemeint war, wenn der andere Dir in's Gedächtnis ruft, daß Du "in seiner Schuld stehst", kann er Dich leichter dazu bringen, zu tun, was er will. Darum geht es bei diesem Satz absolut nicht. Die Befolgung der Regel dient allein dazu, Dir etwas Gutes zu tun, Dein Wachstum zu beschleunigen. Führe die vorhin beschriebene Übung regelmäßig aus und Du merkst mit der Zeit, daß das Universum, die Weltseele, Gott, wie auch immer Du es nennst, für Dich da ist, Dich trägt, nährt und schützt. Du brauchst nur die Dinge anzunehmen, die Dir zugeschoben werden.

Um die Entwicklung des dazu nötigen Ur-Vertrauens geht es bei dieser Regel. Je mehr Bewußtsein Du über die Geschenke der Welt an Dich erlangst, desto sicherer wirst Du werden. Sollte es Dir schwerfallen, die Geschenke zu sehen - hier sind einige Beispiele: Die Luft, die Du atmest; die Erde, die Dich trägt; das Licht der Sonne; der Regen; Tag und Nacht; Deine Wohnung; Deine Freunde; das Brot; das Wasser; das Geld, von dem Du Deinen Lebensunterhalt bestreitest; ... Es gibt so viele Geschenke für Dich!

Doch vielleicht geht es Dir manchmal wie mir - einige Dinge, die zu mir kommen, bemerke ich nicht als Geschenke oder will sie nicht haben, denke womöglich: "Was soll ich denn mit dem Quatsch!". Und damit sind wir schon bei der nächsten Übung.

Notiere Dir regelmäßig nach den Dingen, die Du als Geschenke erkannt hast, die Sachen, von denen Du nicht weißt, was Du mit ihnen anfangen sollst. Du merkst vielleicht schon, die Angelegenheit läuft auf ein Tagebuch hinaus. Tatsächlich kommst Du damit am Besten voran. Es hilft Dir, den Überblick über Deine Entwicklung zu bekommen und mit der Zeit den roten Faden Deines Lebens zu finden. Wenn Du weißt, worum es bei Dir gerade geht, kannst Du Dir leichter bewußt machen, wo das Universum Dir wieder mal einen wichtigen Ball zugespielt hat. Eine tolle Ergänzung dazu bieten Orakelmethoden, wie das I Ging, mit dem ich selbst gern und oft arbeite, aber genauso Tarot oder Runen. Das Pendel ist dafür nicht geeignet. Bedingt brauchbar für diesen Zweck sind Numerologie und Astrologie (beide setzen viel Erfahrung und eine Menge Sachkenntnis voraus). Noch einmal - Dankbarkeit lernen ist keine Unterwerfungsübung, sondern dient dazu, Dein Bewußtsein zu erweitern, Dich für Deinen Weg und die diesbezüglichen Hilfen des Universums an Dich zu öffnen.

Eine abschließende Übung, die allerdings mitunter recht anstrengend sein kann, geht so: Wenn Dich jemand beleidigt, angreift, abwertend von Dir spricht oder Dich sonstwie verletzt, bedanke Dich bei ihm! Es wird Dir sicher schwer fallen, aber Du gewinnst viel, wenn Du Erfahrungen damit sammelst. Setz Dich später in einer ruhigen Minute wieder mit Deinem Tagebuch hin und notiere, wie es Dir damit geht. Welche Gefühle Dir bewußt wurden.

Der Sinn dieser Übung geht sehr tief. Auf der spirituellen Ebene lieben uns diejenigen am meisten, die uns am schwersten verletzen! Warte einem Moment, bevor Du weiterliest. Laß den Satz auf Dich wirken. Lies ihn vielleicht nocheinmal. Er ist sehr wichtig. Einige Absätze weiter oben erzähle ich Dir etwas über die Spiegelbildfunktion deiner Umwelt, die Dir hilft, die Aspekte Deiner Persönlichkeit zu sehen, die Du am Besten vor Deinen Mitmenschen und oft sogar vor Dir selber verbirgst. Es ist nur natürlich, daß gerade diese Dinge Dich am meisten verletzen, wenn sie an das Licht der Öffentlichkeit gezerrt werden. Lerne, Deine Mitmenschen für dieses wunderbare Geschenk zu lieben. Beginne damit, Dir diese Funktion immer wieder bewußt zu machen, wenn Dich etwas verletzt. Beschäftige Dich dann mit den wunden Punkten in Dir. Mache Dir ihren Sinn und, wenn es geht, ihre Ursachen klar. Nimm Dich ernst mit Deiner Verwundbarkeit. Von da an ist es nicht mehr so weit zu etwas mehr Liebe für Deine wunden Stellen.

Ein Beispiel dazu: Du triffst einen guten Freund und gibst ihm die Hand – Du spürst plötzlich starke Schmerzen dabei im Unterarm. Du hast eine Sehnenscheidenentzündung. Sicher wirst Du Deinem Freund jetzt nicht böse sein. Er kann ja nichts dafür, daß Dein Arm schmerzt. In der nächsten Zeit wirst Du ihn schonen, einen Stützverband anlegen und eine gute Arznei ver-

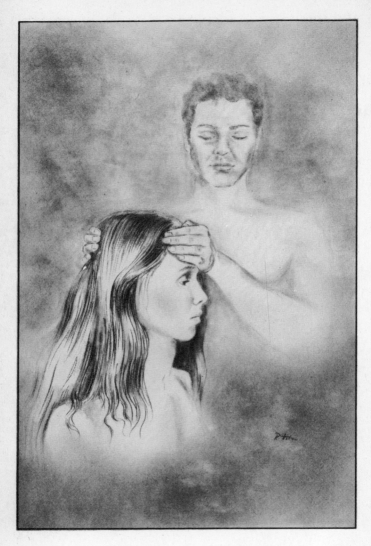

*Gezielte Chakraarbeit am Stirnchakra*

*Ausgleich von Stirn- und Herzchakra*

wenden, um ihn zu heilen. Wenn Du Dir wichtig bist, überlegst Du gleichzeitig, wie es dazu gekommen ist, daß Dein Arm erkrankte. Wenn Du es weißt, wirst Du in Zukunft wahrscheinlich dafür sorgen wollen, daß diese Situation nicht mehr auftritt. Gehe genauso mit Deinen seelischen Wunden um und Du bist auf dem Wege der Heilung. Ich habe die Erfahrung gemacht, daß durch die Beschäftigung mit meiner Verwundbarkeit plötzlich die schmerzhaften Angriffe von Außen nachließen. Vielleicht geht es Dir ähnlich.

*Reiki-Handpositionen und Rituale zu dieser Regel:*
Eine Hand auf der Stirn (3. Auge), die andere am Hinterkopf auf der Medulla. Eine Hand auf dem 3. Auge, die andere auf dem Herzen.

# Die Reiki-Meditation der Dankbarkeit

Eine Reiki-Meditation zum Thema Dankbarkeit geht so: Setze Dich bequem auf einen Stuhl, die Füße ruhen mit der ganzen Sohle auf dem Boden. Deine Hände legst Du mit den Handflächen vor dem Herzen zusammen. Deine Haltung sollte aufrecht sein, der Kopf gerade auf dem Hals ruhen. Jetzt schließe Deine Augen und richte Deine Aufmerksamkeit zuerst auf Dein Herz, verweile dort, bis Du diesen Körperbereich gut spürst, dann richte Deine Aufmerksamkeit auf Dein 3. Auge. Bete jetzt ein Vaterunser. Sage die Worte leise und langsam oder denke sie auch nur, die Wirkung ist die gleiche. Dann sage: "Himmlischer Vater, ich danke Dir von Herzen für all die Segnungen und Geschenke, die Du mir jeden Tag zur Verfügung stellst. Ich danke Dir auch für alles, was ich übersehe oder für gering erachte, weil ich seinen Sinn nicht verstehe. Bitte hilf mir dabei, mich für Deine Segnungen zu öffnen und sie nach Deinem Willen auch an andere weiterzuleiten." Jetzt spüre zu Deinem Atem hin. Folge ihm, wie er ein- und ausgeht. Es atmet Dich. Verweile einige Minuten bei Deinem Atem. Dann steh auf, hebe Deine Hände zur Stirn, verneige Dich und sprich "Danke!".

Laß die Hände wieder zu Deinem Herzen sinken. Fühle noch einen Moment in Dich hinein. Nimm einen tiefen Atemzug und öffne Deine Augen wieder. Die Übung ist jetzt beendet. Du kannst diesen Text auch auf eine Kassette sprechen. Das hat den Vorteil, daß Du Dir die Worte und den Ablauf vorher nicht einprägen mußt. Für die Wirkung dieser Meditation ist es nicht wichtig, Dich zu konzentrieren! Konzentration ist eine Verkrampfung der Sinne. Hier geht es um Loslassen, um Aufmerksamkeit ohne den Einfluß des Willens.

Um Deine Aufmerksamkeit zu lenken gibt es einen einfachen Trick. Tippe mit einem Finger leicht auf die Mitte Deiner Brust. Jetzt nimmst Du diesen Bereich deutlich wahr. Darum geht es. Dasselbe kannst Du später mit dem 3. Auge tun, um Dein

So, das war die letzte "Trainingsanweisung" zu den Lebensregeln Dr. Usuis. Bitte lege Dir nicht die Pflicht auf, mit allen klar zu kommen, bevor Du den 2. Grad oder den 3. Grad machst. Für die Ergründung und Umsetzung dieser fünf einfachen Sätze reicht ein ganzes Leben nicht. Ich finde es sinnvoll, sich vor dem 2. Grad über die Regeln eigene Gedanken zu machen. Vieleicht beginnst Du auch schon damit, Erfahrungen im Alltag mit ihnen zu sammeln. Mehr ist nicht nötig. Laß Dir Zeit. Rom wurde auch nicht an einem Tag erbaut. Die 2. Regel *"Gerade heute sorge Dich nicht!"* soll Dir auch sagen, daß Du Dir nicht den Kopf zerbrechen sollst, ob Du "reif" für etwas bist. Die reifen Früchte fallen auch von alleine vom Ast.

## Entwicklungsanreize, die Dir die Anwendung der Fähigkeiten des 1. Grades bieten

Die Methoden zur Reiki-Anwendung, die Du im 1. Grad-Seminar lernst, können Dir helfen, eine Menge Dinge über Dich zu erfahren. Als erstes wäre da die Ganzbehandlung. Diese Form der Reiki-Anwendung ist zwar die zeitaufwendigste, gleichzeitig aber auch die intensivste und ganzheitlichste. Sie bezieht alle Körperbereiche mit ein und stellt sicher, daß sie in einer körperenergetisch sinnvollen Reihenfolge angesprochen werden. Die Positionen ergänzen sich also nicht nur, sondern bauen auch aufeinander auf. Wenn Du Details über die Vorgehensweise wissen möchtest, schlag nochmal im "Reiki-Handbuch" nach. Da ist alles genau dargestellt. Hier möchte ich jetzt auf einen anderen Aspekt dieser Behandlungsmethode eingehen.

Kannst Du Dich eigentlich an irgendeinen Anlaß erinnern, an dem Du Dich ähnlich intensiv und lange auf deinen Körper eingelassen hast, wie bei der Ganzbehandlung? Ich mußte diese Frage für die Zeit vor meinem 1. Grad mit "Nein" beantworten.

In unserer Gesellschaft ist es unüblich, sich so intensiv mit seinem Körper zu beschäftigen. Männer sind dabei noch mehr benachteiligt als Frauen, die sich im allgemeinen zu kosmetischen Zwecken mehr mit ihrem Körper beschäftigen. Wenn Du Dir selbst Reiki gibst, läßt Du Dich, außer im Falle einer akuten Erkrankung, vollkommen zweckfrei auf Deinen Körper ein. Du lernst Dich aus einer ganz neuen Perspektive, der körperlichen, sinnlichen, kennen.

Mit der Zeit bemerkst Du, daß jeder Körperbereich ein anderes Energiegefühl in Deinen Händen bewirkt. Du spürst Deine Blockaden und Deine Offenheit, Deine Reaktionen auf die lebensfördernde Reiki-Kraft von Mal zu Mal besser und differenzierter. Vielleicht kannst Du Dich schnell auf diese neue Dimension der Nähe zu Dir einlassen, vielleicht löst sie auch erst einmal tiefverborgene Ängste in Dir, die nach und nach in den Bereich Deiner Wahrnehmung aufsteigen. Egal wie Du reagierst, Du bekommst ein anderes, ganzheitlicheres Verhältnis zu Dir.

Im Gegensatz zu meditativen Übungen oder Sport lernst Du, Dich sinnlich auf körperliche Nähe einzulassen. Hawayo Takata, die vorletzte Reiki-Großmeisterin riet deswegen ihren Schülern, sich nach der Einweihung in den 1. Grad erst einmal einige Wochen lang selbst intensiv Reiki zu geben, um sich auf diese neue Weise kennenzulernen.

Es kann Dir sehr während dieser Zeit helfen, wenn Du regelmäßig Tagebuch führst. Das Schreiben fördert das Nachdenken und Bewußt-werden. Der 1. Grad führt Dich also zuerst wieder zum Kontakt zu Deinem Körper, löst in ihm Entspannungs-, Reinigungs- und Selbstheilungsprozesse aus und schafft Dir damit neue Energien und die körperliche Freiheit, Dich auf die spirituellen Reinigungs- und Wachstumsprozesse einzulassen.

Es kann sein, daß Du entdeckst, wie schwer es Dir im Moment fällt, Dir nahe zu sein. Du merkst das vielleicht über Deine Unlust, Dir selbst regelmäßig Reiki zu geben, aber von anderen gerne welches zu bekommen. Du findest bestimmt auch Ausreden, wie "Ich habe nicht jeden Tag soviel Zeit für mich!". Nun für Deinen Hund mußt Du jeden Tag mindestens 1 - 2 Stunden Zeit haben, um mit ihm zu spielen oder "Gassi zu gehen". Dein Partner braucht Dich bestimmt mehr als eine Stunde pro Tag, ebenso Deine Kinder, wenn Du welche haben solltest. Bist Du Dir weniger Zeit wert? Wenn Du glaubst, Reiki sei nur für die anderen wichtig, Du kommst ganz gut allein zurecht, denke an das Gebot: "Liebe Deinen Nächsten wie Dich selbst!". Es sind ausdrücklich beide erwähnt.

Sollte es Dir über längere Zeit schwerfallen, Deine eigene Nähe zu ertragen, prüfe sorgfältig nach, inwieweit Dich diese Blockade behindert. Werden dadurch ernstere Schwierigkeiten in anderen Lebensbereichen ausgelöst oder belastet Dich diese Struktur, suche die Hilfe eines Therapeuten Deines Vertrauens. Reiki wird Dir bei der Aufarbeitung Deiner Schwierigkeiten eine wertvolle Hilfe sein. Nach der Näheerfahrung mit Dir kommt der nächste Schritt: Du wirst irgendwann beginnen, anderen Menschen Reiki zu geben.

Jetzt lernst Du körperliche, sinnliche Nähe zu anderen außerhalb von erotischen oder sportlichen Kontakten kennen. Wann hast Du vor Deiner Reiki-Einweihung mal jemand anderen über eine Stunde lang nur ruhig und absichtslos berührt? Diese intensiven Näheerfahrungen zu anderen werden wiederum in Dir mehr Bewußsein schaffen. Achte sorgfältig auf Deine Gefühle dabei, nimm sie ernst! Auch wenn das bedeutet, mal eine Sitzung abzusagen, nicht zu einem Reiki-Treffen zu gehen, weil Dir die Nähe im Moment zuviel wird. Wenn Du Dir jetzt den Abstand nimmst, den Du brauchst, wirst Du umso schneller wieder Nähe zulassen können. Mit der Zeit wird sich Nähe für Dich anders anfühlen.

Vielleicht entdeckst Du, daß Dein Ärger verraucht und Du selbst ganz entspannt wirst, wenn Du Reiki gibst. Oder Du lernst die Schönheit der Ruhe während der Reiki-Sitzungen schätzen

*Der 1. Grad – die Schönheit der Nähe annehmen lernen.*

und kannst Dich endlich auf Meditationen einlassen. Es gibt sehr viel dabei zu entdecken – leg los!
Eine wichtige Erfahrung kannst Du auch mit Deinem Partner machen. Oft ist es so, daß sich Partner gegenseitig nicht gerne Reiki geben oder behaupten, es fließe nicht, wenn sie sich austauschen. Wenn sie mit anderen Reiki-Freunden eine Sitzung machen, geht alles ganz toll und es gefällt ihnen. Wie kommt das? Nun, Reiki wird immer vom Empfänger eingezogen. Wenn der eine unbewußte Näheangst vor dem anderen hat, wird er keine Energie ziehen und sich, beeinflußt von seinem Unbewußten, viele Möglichkeiten einfallen lassen, dem Kontakt zu entgehen. Diese Konstellation ist auf der unterbewußten Ebene bei vielen Paaren vorhanden.

Wenn Du diesen Sachverhalt bei Dir und Deinem Gefährten bemerkst, nimm auf jeden Fall die Näheängste zwischen Euch beiden ernst. Glaube nicht, sie wären nur bei dem anderen oder nur bei Dir. Beziehungen sind keine Einbahnstraßen! Rede mit Deinem Partner offen über diese Problemstruktur. Versucht eine Weile regelmäßige, aber nur kurze Reiki-Sitzungen auszutauschen. Die Länge legt dabei nicht die Uhr fest. Jeder fühlt während der Sitzung in sich hinein und wenn er aufsteigende Unlustgefühle bemerkt, beendet er sofort, aber ruhig, die Sitzung.

Dauert diese Schwierigkeit an, solltet ihr mal abklären, ob sich die Näheängste auch in anderen Bereichen eurer Beziehung auswirken und gegebenenfalls zusammen die Hilfe eines Therapeuten suchen. Reiki kann Euch dann während einer etwaigen Therapie helfen, schneller und tiefer zueinanderzufinden. Eine weitere Dimension der Nähe erschließt sich Dir, wenn Du Dich mit anderen Reiki-Freunden triffst und von der ganzen Gruppe Reiki bekommst. Probiere diese Erfahrung zumindest einmal aus und setze Dich mit den dabei frei werdenden Energien ernsthaft auseinander. Du kannst dabei viel über Dich lernen. Vielleicht geht es Dir aber auch ganz anders: Du findest es einfach toll, so in Reiki-Energie gebadet zu werden und reihst es in Deinem Gedächtnis unter den "Sahnetörtchen-Erlebnissen" ein.

Ein wesentliches Thema des 1. Grades ist also Nähe. Zu Dir und zu anderen. Je mehr Du Reiki gibst, desto feiner wird dabei Deine Energiewahrnehmung werden und Dir damit auf der feinstofflichen Ebene ganz neue Eindrücke erschließen. Viele Menschen entwickeln so ihre sensitiven Talente. Gönne Dir diese Entwicklung ebenfalls! Du wirst sie mit der Zeit schätzen lernen.

## Machtansprüche aufgeben

Bevor ich mir oder anderen länger Reiki gebe, schließe ich für einen Moment die Augen, nehme meine Hände wie zum Gebet vor der Brust zusammen, hebe sie zur Stirn und verbeuge mich. Dabei bitte ich leise oder in Gedanken darum, Reiki-Kanal sein zu dürfen. Diese Bitte und die Übung sind absolut nicht notwendig für den Fluß der Reiki-Kraft, aber sie helfen mir, Machtansprüche loszulassen.

Ich drücke damit meine Achtung vor dem Menschen aus, dem ich gleich Reiki geben werde. Das ist mir wichtig, um mir ins Bewußtsein zu rufen, daß er nicht weniger liebenswert, wertvoll und richtig ist, als ich, nur weil seine Schwachstellen zur Zeit offensichtlicher sind, als meine.

Ich weiß nicht, wie es Dir damit geht, ich finde es toll und beeindruckend, daß Reiki durch meine Hände fließt, wann immer es zur Förderung von Lebensprozessen benötigt wird. Die Ergebnisse sind oft sofort sichtbar und meist auch vorhersehbar. Dies hat mich noch vor gar nicht so langer Zeit immer wieder dazu gebracht, zu denken, "Ich brauche ja nur die Hände auflegen, dann passiert das und das!". Es liegt aber nicht in meiner Macht, vorherzusagen, wie Reiki wirkt. Ich bin "nur" Reiki-Kanal.

Die Energie hilft jedem Menschen, sich zu entwickeln, wie es für ihn paßt. Auch wenn mir sein Weg nicht gefällt. Sicherlich sollte ich mein Bestes tun, um Reiki zu ihm fließen zu lassen. Das Weitere kann und soll ich aber nicht beeinflussen. Mit der Verbeugung und der Bitte rufe ich mir diesen Sachverhalt in mein Bewußtsein und irgendwann wird es für mich selbstverständlich, daß der Lauf der Welt nicht von meinen Vorstellungen abhängt. Ein letzter Sinn dieser Übung liegt für mich in der Entwicklung von Dankbarkeit für die Reiki-Energie, die mir immer zur Verfügung steht, wenn ich sie brauche.

Egal was ich denke, wie ich mich verhalte, was ich kann oder wie ich mich fühle, Gott schickt mir die Kraft. Für dieses unschätzbare Geschenk danke ich ihm und freue mich an seinen lebensfördernden Wirkungen. Vielleicht siehst Du in diesem kleinen Ritual auch einen Sinn. Dann tu Dir den Gefallen und bau es in deinen Umgang mit Reiki ein. Es wird Dir sehr helfen, wenn Du es ernst nimmst. Für andere kann es ein wichtiger Denkanstoß sein, wenn sie Deine Art mit ihnen und Reiki umzugehen, bemerken.

# Die ewigen Gesetze des Energieaustauschs

Eine weitere wichtige Erfahrung kommt mit dem bewußten Austausch von Leistungen, Energien, auf Dich zu. Während des 1. Grad-Seminars hörst Du, daß Du Dir Gedanken darüber machen solltest, was und wieviel Du als Gegenleistung für längere Reiki-Sitzungen forderst. Es geht dabei nicht darum, jedesmal, wenn Du ein paar Minuten die Hände auflegst, um jemandem beispielsweise Stress zu nehmen, gleich die Hand aufzuhalten. Wenn Du aber regelmäßig für einen Menschen Ganzbehandlungen gibst, dann überlege, was Dir Deine Zeit, Deine Aufmerksamkeit und Dein persönlicher Einsatz wert sind. Die Reiki-Kraft ist frei, sie steht in unbegrenzter Menge zur Verfügung. Deine Lebensspanne ist begrenzt und Du mußt für Deinen Lebensunterhalt und Deine Lernerfahrungen auch entsprechende Gegenleistungen an andere erbringen. Das trägt zum allgemeinen Wachstum bei, denn jede materielle Leistung wird durch Deine persönliche Energie, die während eines Austausches frei wird, sehr viel wertvoller. Als Beispiel: Ein Bild von Dali hat einen Materialwert von vielleicht 200 DM. Trotzdem wird es für viele Tausend Mark verkauft und ist damit nicht zu teuer. Denn der Künstler hat die stofflichen Bestandteile so zusammengestellt, daß sie anderen Menschen erweiterte Betrachtungsweisen der Welt ermöglichen und tiefe Erkenntnisprozesse auslösen können. Natürlich ist dieser Fall ein Extrem, grundsätzlich trifft er auf andere Wertschöpfungssituationen aber auch zu. Bezahlt wird im Grunde niemals der Materialwert, sondern die dahinterstehende Idee, die persönliche kreative Energie. Je einzigartiger diese Idee ist, desto teurer wird das Objekt, denn viele Leute können diese seltene Qualität als Ergänzung ihrer eigenen Persönlichkeit gebrauchen. Wenn also eine Leistung erbracht und angemessen mit einer Gegenleistung bezahlt wird, fließen im Idealfall eine Menge kreativer Energien. Da jede dieser Energiequalitäten den Empfänger um einen wichtigen Baustein ergänzt und damit seine Gesamtpersönlichkeit auf ein höheres Entwicklungsniveau hebt, trägt jeder faire Austausch von Energie zum Wachstum aller Beteiligten bei.

Was ist nun aber ein fairer Austausch? Diese Frage hat mich lange beschäftigt und ich habe eine schlüssige Antwort für mich in einem aus der Chakrenlehre abgeleiteten Modell gefunden. Bei einem optimalen Waren- oder Dienstleistungsaustausch, aber auch bei jedem anderen Energiefluß zwischen verschiedenen Menschen sollten vier Ebenen berührt werden:

1. Die materielle Stufe. Das heißt, es muß bei dem Geschäft für beide eine Steigerung ihres materiellen Wohlstandes oder ihrer Fähigkeiten, sich diesen zu verschaffen, stattfinden. Das materielle Wohlbefinden stellt die Wurzeln Deines Lebens dar. Wenn Du verhungerst, kannst Du weder lernen, noch lieben. Du verschwindest einfach von dieser Existenzebene. Somit stellt eine befriedigende Situation auf dieser Stufe das Fundament für alle anderen dar.

2. Die emotionelle Stufe. Hier geht es um den Austausch von Gefühlen. Nähe, Wärme, Liebe, Freude, aber auch Trauer und Wut usw. braucht jedes Wesen, um sein Leben auf der tiefsten Ebene als sinnvoll zu empfinden. In der Wichtigkeit kommt diese Stufe gleich nach der materiellen. Ein befriedigender Austausch auf dieser Ebene verhilft den Beteiligten zu einem glücklicheren Seinszustand. Durch Gefühlsaustausch nehmen Menschen am Fluß des Lebens, am ewigen Prozeß des Werdens und Vergehens, teil.

3. Die Erkenntnisstufe. Wird bei einem "Geschäft" bei den beteiligten Partnern ein erweiterter Bewußtseinszustand bewirkt, trägt dieser Prozeß dazu bei, ihnen neue Perspektiven der Schöpfung zu erschließen und damit zugänglich zu machen. Es ist ein Stück Bewußtsein zu dem Puzzlespiel hinzugekommen, das wir Zeit unseres Lebens zusammensetzen lernen. Erkennen bedeutet, mit dem Verstand Zusammenhänge zu erfassen. Durch das Lesen dieses Buches kann z. B. so ein Prozeß ausgelöst werden.

4. und letztens die Stufe der Einheit. Wenn sich auch hier ein Austausch vollzieht, haben beide durch den Prozeß des Austausches die Wahrnehmung der Einheit hervorgerufen. Die 4. Stufe läßt sich nur erreichen, wenn alle anderen Ebenen ebenfalls befriedigend berücksichtigt wurden.

Diese Stufe läßt sich schlecht erklären, aber gut nachfühlen: Stell Dir vor, Du stehst mit Deinem geliebten Partner vor dem Traualtar. Der Pfarrer hat gerade die abschließenden Worte der Zeremonie gesprochen. Du schaust Deinem Partner in die Augen bevor die Ringe getauscht werden. Jetzt spüre hin – so fühlt sich Einheit an.

Dieses Modell ist naturgemäß recht abstrakt. Laß mich Dir das Ganze noch einmal an einem Beispiel im Zusammenhang erklären: Du gibst einem Bekannten Reiki. Er lädt Dich dafür zum Essen ein. Du hast mit Deiner Leistung dafür gesorgt, daß er entspannter und damit produktiver mit seinem Alltag umgehen kann, er erspart Dir das Einkaufen, Kochen und Servieren. Hier ist der Austausch auf der 1. Stufe (materiell). Während der Behandlung kann Dein Bekannter immer mehr seine Anspannung loslassen und fühlt sich wohl, weil Du Dich um ihn kümmerst. Ähnlich gut geht es Dir, wenn er für Dich kocht und Du richtig umsorgt wirst. Dies ist die 2. Stufe (emotional). Durch die Behandlung und seine Bewirtung habt ihr beide verstanden, daß es sich in einer Gemeinschaft, in der der eine für den anderen da ist, besser leben läßt, als allein und einsam. Hier befindet ihr euch auf der 3. Stufe (Erkenntnis). Vielleicht fühlt ihr euch durch diesen Prozeß auf geheimnisvolle Weise verbundener. Vor der Reiki-Sitzung und der anschließenden Einladung wart ihr gute Bekannte. Nun bemerkt ihr plötzlich eine tiefe Vertrautheit und ein wortloses Einverständnis, wenn ihr euch begegnet. Das macht euch glücklich und ihr habt die Nähe des anderen gern. Ihr seid Freunde geworden. Jetzt habt ihr den Austausch auch auf der 4. Stufe (Einheit) vollzogen.

Spiele dieses Modell mit verschiedenen Dir bekannten Situationen durch. Es ist gleich, ob Du eine Ehe oder einen Hosenkauf durch diese Brille betrachtest, es funktioniert immer. Wenn Du in Deinem Gedächtnis kramst und einige Erlebnisse unter diesem Aspekt anschaust, wirst Du feststellen, daß Du jedesmal recht zufrieden warst, wenn bei einem Austausch mindestens drei Ebenen berührt wurden, und daß "Geschäfte" mit weniger als zwei berührten Austauschstufen in Dir tiefe Unzufriedenheit hervorriefen. Danach sehntest Du Dich wahrscheinlich nach einer Situation, in der die zu kurz gekommenen Stufen ebenfalls berührt werden konnten, um das Defizit auszugleichen. Bedenke diese Erfahrungen bei kommenden Situationen, in denen Du Energie austauschst, und achte darauf, daß möglichst viele Ebenen berührt werden. So trägst Du bewußt zum Wachstum aller bei. Ich finde es ganz spannend, ab und an mal zu notieren, bei welchem Anlaß welche Stufen berührt worden sind. Das stärkt mit der Zeit Deine Fähigkeit, ein besseres intuitives Verständnis vom Energieaustausch zu bekommen. Du wirst Dich nicht mehr selber über's Ohr hauen, weil Du Dir einredest, aus irgendeinem moralschwangeren Grund für eine Leistung keine Gegenleistung beanspruchen zu dürfen oder jemand anderen für einen schlechten Menschen zu halten, weil er auf einer Gegenleistung für seinen Einsatz besteht.

## Die Entscheidung für den 2. Grad

Nach etwa zwei bis drei Monaten Erfahrung mit dem 1. Grad kannst Du Dich zu einem 2. Grad-Seminar anmelden. Soviel Zeit solltest Du Dir aber wirklich lassen und nicht von Meister zu Meister rennen, um einen zu finden, der Dich gleich 1 Woche später einweiht.

Hast Du in den zwei bis drei Monaten keine oder nur wenige Möglichkeiten wahrgenommen, mit der Reiki-Kraft umzugehen, überlege Dir noch mal genau, warum Du jetzt den 2. Grad machen möchtest - willst Du ihn auch nicht anwenden? Oder möchtest Du noch einen Schein mehr haben? Willst Du mitreden können - oder warum? Sei ehrlich zu Dir. Möglicherweise sparst Du eine Menge Geld dabei.

Der 2. Grad ist etwas sehr Schönes, Wichtiges, Heiliges. "Nur mal so" solltest Du ihn nicht machen. Dafür ist er nicht gedacht. Warum Menschen den 2. Grad machen, welche Hoffnungen und Ängste sie damit verbinden und welche Möglichkeiten zum persönlichen Wachstum er Dir bietet, steht im nächsten Kapitel. Es wird mit Sicherheit ganz anders, als Du jetzt denkst. Oder liest Du vielleicht wie ich gern von hinten nach vorn und weißt schon alles? In dem Fall wünsche ich Dir viel Spaß beim 2. Kapitel!

## Zusammenfassung

Mit den Möglichkeiten des 1. Reiki-Grades kannst Du lernen - Nähe zu Dir herzustellen - Nähe zu anderen zuzulassen - den tieferen Sinn von Beziehungen zu verstehen - die fünf Reiki-Lebensregeln anzuwenden und ihren tieferen Sinn für die Heilung Deines Körpers und Deines Geistes zu entdecken - Deine Sensibilität zu entwickeln und damit die Möglichkeit zu bekommen, die Welt sinnlicher und lebendiger wahrzunehmen - Machtansprüche aufzugeben - Deine Lebensgestaltung auf Vertrauen in eine höhere Kraft zu gründen - Einheit zu erfahren - die ewigen Gesetze des Energieaustausches zu verstehen - das Verständnis des tieferen Sinnes von Erkrankungen und anderen Schwächen Deiner Persönlichkeit anzunehmen und zu lieben - Gottes Nähe zu spüren - Deine Gefühle zu akzeptieren - Liebe zu leben.

# Einige Merksätze
## zum Umgang mit dem 1. Grad

Gib immer Reiki, wenn Du Lust dazu hast. Gib nie Reiki, nur weil Du glaubst, Du müßtest es tun.

Versuche so oft wie möglich Deine Gefühle während einer Reiki-Sitzung wahrzunehmen.

Beschäftige Dich mit den fünf Lebensregeln, finde Deinen Standpunkt dazu, experimentiere mit ihnen.

<u>Sag Dir jeden Morgen nach dem Aufstehen, "Ich lebe nicht auf dieser Welt, um perfekt zu sein, sondern um durch Annehmen meiner Schwächen lieben zu lernen!"</u>.

Gönne Dir bewußt erlebte Nähe zu Dir und zu anderen. Experimentiere mit Reiki. Laß Deiner Kreativität freien Lauf. Der Umgang mit Reiki kann ein wundervolles Abenteuer für Dich sein.

Reiki löst Verspannungen, indem es blockierte Energien wieder fließen läßt. Wenn Du während oder nach einer Reiki-Sitzung ängstlich, traurig, fröhlich oder glücklich wirst, weißt Du, welche Energie Du festgehalten hattest, und kannst überlegen, warum Du dies getan hast und ob Du immer noch dazu neigst, diese Kraft zu blockieren, wenn sie aktiv wird.

Wenn Du Dir regelmäßig Reiki gibst, hast Du die Kraft zum Wachstum. Wo und wie es auf der geistigen Ebene stattfindet, entscheidest Du, indem Du Deine Aufmerksamkeit auf einen Bereich Deines Charakters lenkst.

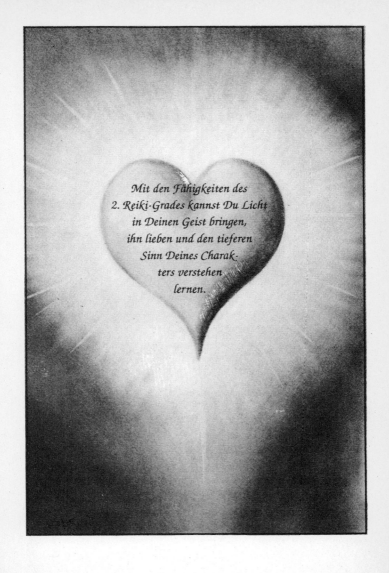

4. Kapitel

# Der 2. Reiki-Grad

## Warum kommen Menschen zu einem 2. Grad-Seminar?

Oft ist der Auslöser für die Anmeldung zu diesem Seminar ein besonders beeindruckendes Erlebnis mit Reiki.

Für mich war es das Verschwinden einer ernsthaften Unterleibsentzündung bei meiner Frau Manu, die praktisch über Nacht durch eine Fernbehandlung unserer Meisterin Brigitte Müller geheilt wurde. Einen Tag vorher hatten eine Blutsenkung und eine Tastuntersuchung noch die Symptome einer schweren Entzündung gezeigt. Am nächsten Tag sollte ein Frauenarzt Manuela in ein Krankenhaus überweisen. Doch durch die halbstündige Fernbehandlung am vorherigen Abend waren bis zum Arzttermin alle subjektiven und objektiven Anzeichen der Erkrankung verschwunden und sind seitdem auch nicht mehr aufgetaucht. Danach stand für uns fest, daß wir an einem 2. Grad Seminar teilnehmen würden.

Andere Menschen spüren das starke Verlangen, mehr mit Reiki tun zu können, als mit der Kontaktbehandlung möglich ist. Manche wollen sich in ihrer geistigen Entwicklung durch die Einweihung und die Mentalbehandlungstechnik des 2. Grades voranbringen und einige sind einfach ungeheuer neugierig, wie und ob das mit der Fernbehandlung wirklich funktioniert.

Ein wichtiger Grund aus dem heraus viele Therapeuten, die professionell mit Reiki arbeiten, zu dem Seminar kommen, ist die enorme Beschleunigung der Behandlung und die Möglichkeit, viele Menschen gleichzeitig mit der Universellen Lebensenergie wirksam zu versorgen.

# Die Ängste

Da jeder, der sich zum 2. Grad anmeldet, schon an einem 1. Grad-Seminar teilgenommen hat, sind die meisten Befürchtungen bereits zerstreut. Es bleibt allerdings oft noch die Sorge, es könnte doch ein Schwindel mit dem 2. Grad sein, da die wenigen Ankündigungen des Reiki-Meisters zum Abschluß des 1. Grad-Seminars so unglaubliche Dinge beinhalten, daß der "gesunde Menschenverstand" da nicht mehr mitkommt. Das muß er aber auch nicht, denn Reiki funktioniert ja Gott-sei-Dank nicht über den Verstand.

Mehr noch als beim 1. Grad wird vor dem 2. die Frage gestellt, warum das Seminar denn nur so teuer (ca. 1200 DM) sein muß. Ich möchte jetzt nicht noch einmal auf die grundsätzlichen Fragen von Leistung und Gegenleistung eingehen, da sie in den beiden letzten Kapiteln ausführlich behandelt wurden. Wichtig ist meiner Ansicht nach aber schon eine spezielle Erklärung für den so viel höheren Preis für das, im Gegensatz zum 1. Grad, meist kürzere Seminar.

Nun denn! Der 2. Reiki-Grad beinhaltet eine riesige Palette an Möglichkeiten der Arbeit mit feinstofflichen Energien. Sie sind praktisch nur durch die Grenzen der eigenen Phantasie eingeschränkt.

Dies bedeutet gleichzeitig eine große Verantwortung. Wenn Du eine Fähigkeit bekommst, die fortan Bestandteil Deiner Persönlichkeit ist, hast Du damit, unter dem Lichte kosmischer Gesetzmäßigkeiten betrachtet, die Aufgabe, mit ihr umzugehen und Erfahrungen zu sammeln.

Da wir Menschen grundsätzlich teure Dinge ernster nehmen, ist ein Weg zu erreichen, daß jemand wirklich etwas mit dem 2. Grad anfängt, ihn teuer zu verkaufen. Außerdem kann der hohe Preis bewirken, daß sich der betreffende Mensch ernsthafte Gedanken darüber macht, ob er dieses Seminar wirklich mitmachen will oder nicht lieber stattdessen in Urlaub fährt. Das ist wirklich eine Angelegenheit der persönlichen Vorlieben. Es ist nicht unbedingt notwendig, den 2. Grad zu machen. Wenn Du an etwas anderem mehr Interesse hast, beschäftige Dich besser damit. So kannst Du, angeregt durch den Stolperstein "hoher Preis" viel über Dich lernen. Das gibt's sozusagen gratis vor dem Seminar.

Kurz zusammengefaßt: der Preis soll also bewirken, alle die Menschen vom 2. Grad abzuhalten, die ihn nicht ernst oder nicht ernst genug nehmen. Natürlich hat diese Methode auch ihre Fehler, aber es ist meiner Ansicht nach die beste in unserer Gesellschaft praktizierbare. Oder würdest Du gerne, nach östlicher Sitte, erstmal drei bis vier Jahre lang still den Ashram Deines Reiki-Meisters putzen, bevor er Dich zum 2. Grad zuläßt?! Hast Du Dich erforscht und bist zu dem schwerwiegenden (ich meine das auch so!) Entschluß gekommen, den 2. Reiki-Grad zu machen, wirst Du mit einigen anderen zusammen an einem Seminar mit einem Reiki-Meister teilnehmen, der Dich einweiht und Dir genau die verschiedenen grundsätzlichen Möglichkeiten erklärt, die Du mit dem 2. Grad geschenkt bekommst.

Ja, geschenkt – wenn Du eine Weile mit den neuen Möglichkeiten gearbeitet hast, wirst Du es verstehen.

## Das Seminar

Es gibt, meist dreiteilige, Abendkurse, Wochenendseminare von minimal einem Tag bis zu einem Abend und zwei vollen Tagen, aber auch Ferienkurse, die über mehrere Tage gehen. Die zeitliche und teilweise die inhaltliche Gestaltung der Seminare werden wie beim 1. Grad von den Reiki-Meistern sehr unterschiedlich gehandhabt.

Das hat für die Teilnehmer den Vorteil, daß ihr Meister auch viel Spaß während des Kurses hat und so für ein lebendiges und spannendes Programm sorgen kann. Langweilig wird es immer, wenn Standardprozeduren abgespult werden. Das wirst Du bei Reiki-Seminaren allerdings kaum erleben.

Während des Seminars bekommt jeder Teilnehmer eine Einweihung, die die Symbole und Mantren des 2. Grades fest in ihm verankert und gleichzeitig dafür sorgt, daß sie aktiviert und damit überhaupt für ihn nutzbar werden. Ohne dieses energetische Ritual wirken die Zeichen und Worte nicht. Im Gegensatz zu den Einweihungen des 1. Grades wird diesmal weniger der Emotionalkörper, also die Ebene der Gefühle, der Ängste und Hoffnungen, berührt. Es ist jetzt nicht mehr nötig, die tiefen karmischen Schichten der Persönlichkeit mit göttlichem Licht in Berührung zu bringen, da die Verbindung schon besteht.

Jetzt geht es darum, auf der Mentalebene disharmonische Strukturen abzubauen, die den Menschen daran hindern, sein volles Potential an Fähigkeiten zu nutzen, die durch diese Verbindung geschaffen worden sind. So wird unter anderem das 3. Auge, das Stirnchakra, aktiviert. Bessere Wahrnehmungsfähigkeiten im feinstofflichen Bereich, bei manchen sogar spontane Hellsichtigkeit, eine Verstärkung der Intuition und mehr Interesse an der Selbstverwirklichung, am eigenen Weg, werden dadurch ausgelöst. Die wesentlichen energetischen Veränderungen spielen sich also beim 2. Grad auf der Mental-Ebene ab. Was diese Ebene ist und welche Aufgaben sie hat, erkläre ich später noch genauer.

Die Einweihung wird meist ziehmlich zu Anfang des Kurses gegeben, weil ohne sie ja nicht mit den Techniken gearbeitet werden kann. Als nächstes werden die Symbole und Mantren an die Teilnehmer übergeben und auswendig gelernt. Es dauert einige Stunden bis sich alle diese Werkzeuge angeeignet haben.

Danach werden die Methoden vermittelt, mit denen sie richtig zu benutzen sind, und es wird auch gleich an praktischen Beispielen geübt. Du merkst schon, dieses Seminar ist ganz anders als der Kurs zum 1. Grad. Diesmal wird mehr gelernt. Beim Einstiegsseminar hatte der Bauch am Meisten zu tun, jetzt wird überwiegend der Kopf beschäftigt. Ja – und das war's auch schon mit dem 2. Grad-Seminar. "Oh, mehr nicht?", denkst Du? Ich bin der festen Überzeugung, daß der 2. Grad sowohl mehr Veränderungen für jeden Menschen bewirken kann, als auch viel mehr an Möglichkeiten zur Nutzung der Reiki-Kraft bietet, als der 1. Grad. Vielleicht wirst Du diese Überzeugung nach dem nächsten Abschnitt, in dem ich Dir erzähle, was Du alles mit dem 2. Grad anstellen kannst, teilen.

## Die Werkzeuge des 2. Reiki-Grades

Um keine falschen Hoffnungen zu unterstützen: Ich werde jetzt weder Symbole noch Mantren veröffentlichen. Ohne Einweihungen kannst Du sie ohnehin nicht benutzen und ich halte sie für zu wertvoll, als sie nur zur Befriedigung der Schaulust abzudrucken.

Die grundsätzlichen Mittel des 2. Grades beinhalten:

a) Eine Möglichkeit, mehr Reiki-Energie zur Verfügung zu stellen, als Du normalerweise maximal weitergeben kannst (Kraftverstärkung). Das Gesetz "Der Empfänger bestimmt, wieviel und wo er Reiki einziehen will!" wird dadurch nicht außer Kraft gesetzt. Bei jeder Anwendung wird die zur Verfügung stehende Reiki-Energie um das 10 bis 15-fache gesteigert. Da sich beliebig viele Anwendungen aneinandersetzen lassen, ist theoretisch die Steigerung des Reiki-Kraftflusses nach oben unbegrenzt. Wendest Du diese Technik an, reduzieren sich die Behandlungszeiten sowohl bei der Kontakt- als auch bei der Fernbehandlung drastisch auf 10 - 20 Minuten. Die Wirkung kann dabei noch intensiver sein, als bei einer 90-minütigen Ganzbehandlung mit den Möglichkeiten des 1. Grades. Gerade für professionelle Reiki-Therapeuten eröffnen sich damit neue Perspektiven. Denn ein wesentlicher Grund, der zum Beispiel einen Heilpraktiker daran hindern kann, mehr Reiki in seiner Praxis anzuwenden, ist der verhältnismäßig hohe Zeitaufwand. Aber auch die "Nicht-Profis" können diese Technik gut gebrauchen. Zum Beispiel, wenn sie sich selbst oder ihren Verwandten Reiki geben. Das Essen läßt sich auf diese Weise sehr viel schneller mit Reiki aufladen und Edelsteine (siehe auch unter "Reiki und Edelsteine" im Reiki-Handbuch, s. S. 171) lassen sich so leichter und schneller energetisch reinigen und mit Reiki aufladen. Ebenso können Kosmetika und Trinkwasser in kurzer Zeit durch die Einwirkung der Reiki-Kraft veredelt werden.

*Zusammengefaßt:* Du kannst alles, was mit dem 1. Grad geht, mit der 2. Grad-Technik schneller und intensiver machen, weil die Grenzen des Energieflusses aufgehoben werden. Diese Möglichkeit ist eine konsequente Weiterentwicklung der Auseinandersetzung mit dem Thema: "Zeit für Dich", das zu den persönlichen Lernerfahrungen des 1. Grades gehört. Nachdem diese Erfahrungen während der Zeit mit dem 1. Grad im wesentlichen gemacht und verarbeitet worden sind, ist es für die persönliche Entwicklung nicht mehr unbedingt notwendig, soviel Zeit mit Erfahrungen von Nähe zu verbringen. Natürlich kannst und solltest Du Zeit für Nähe bei Reiki-Anwendungen haben, wenn Du der Ansicht bist, es sei gerade für Dich wichtig. Aber die automatische Einschränkung durch die Begrenzung der Stärke der Reiki-Kraft existiert nicht mehr.

Der 2. Grad befreit Dich von vielen Beschränkungen. Und das nicht nur im Hinblick auf die Behandlungszeit!

b) Eine Technik mit der Du alles, was lebt, erreichen, mit Reiki versorgen und mit ihm Informationen austauschen kannst (Fernbehandlung). Damit kannst Du im Grunde zu allem, was es gibt, eine Verbindung herstellen, denn im tieferen Sinne ist nichts auf dieser Existenzebene unbelebt. Alles wurde ja aus und von Gott, der Quelle aller Lebendigkeit, geschaffen!

Diese Methode entbindet Dich in Bezug auf Reiki von den

Grenzen des Raumes und, wie Du weiter unten sehen wirst, auch von den Grenzen des Zeitablaufes. Du brauchst nur den Namen und ein Bild oder einen persönlichen Eindruck, wie den Klang der Stimme des Empfängers. Du kannst zum Beispiel in Hamburg gemütlich in Deiner Wohnung im Sessel sitzen, während Dein Freund, der Reiki bekommen soll, gerade im brasilianischen Urwald zeltet. Die Energieübertragung wird, bis auf die körperliche Nähe, genauso stark, oft sogar noch wirkungsvoller sein, wie wenn ihr beide räumlich zusammen währt. Eine weitere Möglichkeit, die Dir diese Technik bietet, ist die gleichzeitige Behandlung vieler Menschen mit Reiki. In derselben Zeit, die Du für eine Fernbehandlung benötigst, kannst Du 10, 20, 30 oder mehr Freunde zusammen mit reichlich Reiki versorgen. Dieser Aspekt der Möglichkeiten des 2. Grades befreit Dich von den Begrenzungen des räumlichen Kontaktes.

Du bist nicht mehr auf die Nähe einer Person angewiesen, um ihr Reiki zu geben. Auch hier wieder eine Aufhebung der nach den durchlebten Erfahrungen des 1. Grades nicht mehr notwendigen Beschränkungen. Vorher war gerade die körperliche Nähe und das Einlassen auf den Kontakt zu anderen sehr wichtig. Wenn diese Wachstumschancen genutzt wurden, ist es nicht mehr unbedingt erforderlich, die Grenzen beizubehalten. Würden sie weiterbestehen, wären wirklich neue Erfahrungen nicht möglich. Das Erlebnis der Fernbehandlungen erweitert auch das Bewußtsein. Dein Verstand kommt nicht umhin zu erkennen, daß der Raum im tieferen Sinne nur eine Illusion ist. Du erlebst, daß die Beschränkungen, die Du bisher für unüberwindbar gehalten hast, in Wirklichkeit nicht existieren. Denke mal über die sich daraus ergebenden Konsequenen nach und Du wirst zu dem Schluß kommen, daß Science Fiction Literatur durchaus nicht unbedingt "Fiktionen", also Märchen, beinhaltet. Doch es gibt noch mehr.

Mit einer besonderen Anwendung der Fernbehandlung kannst Du soweit wie Du willst in die Vergangenheit oder die Zukunft reichen und in bestimmte Situationen Reiki direkt oder über die

Mentalheilungsmethode geben. So ist es möglich, in eine prägende Situation Deiner Kindheit Reiki zu geben und ihre Auswirkungen damit harmonisieren.

Warst Du einmal ernsthaft krank und trägst heute noch schwer an den Auswirkungen? "Ach ja", denkst Du, "hätte ich doch damals schon gekonnt, was ich jetzt kann!." Mit dem 2. Grad kannst Du! Baue einen Kontakt zu Dir auf, als Du krank warst und sende regelmäßig längere Zeit Reiki zu Dir. Die Auswirkungen sind oft unglaublich.

Ebenso kannst Du mit der Zukunft verfahren. Du weißt, daß Du am nächsten Tag lange und intensiv arbeiten mußt. Jetzt geht es Dir gut, aber Morgen ...! Wende die 2. Grad-Methode auf eine bestimme Art an und gib Dir jetzt Reiki, daß Dich morgen zu einer bestimmten Uhrzeit erreichen soll. Du meinst, ich spinne? Ich kann es Dir jetzt nicht beweisen, aber Du kannst es selbst erleben, wenn Du den 2. Grad hast, oder andere Leute fragen, die mit dem 2. Grad auf diese Art zu arbeiten gelernt haben.

So, die Begrenzung des Zeitablaufes ist jetzt ebenfalls gefallen. Gibt es etwa noch mehr? Oh ja! Als ich vorhin erzählte, daß Du alles mit der Fernbehandlung erreichen kannst, meinte ich das auch so. Nun sind da viele Dinge, die Du erreichen könntest, aber wo wird es interessant für Dich? Ich gebe zum Beispiel gern meinem Hohen Selbst und meinem Inneren Kind Reiki. Manchmal tue ich dies auch für andere. Warum?

Um Dir dies zu erklären, muß ich etwas ausholen. Jeder Mensch hat drei unterschiedliche Anteile, die einerseits engstens mit ihm verbunden sind, andererseits durchaus eigenständige Verhaltensweisen und unterschiedliche Funktionen und Möglichkeiten haben. Fangen wir bei dem bewußten Anteil an. Er wird auch das Mittlere Selbst genannt. Er kann denken, rechnen, logische Schlüsse ziehen, sich überlegen, warum dies und das zu jenem Ergebnis geführt hat oder führen wird. Hier werden bewußt und unbewußt alle Informationen, die über die fünf "herkömmlichen" Sinne zu einem Menschen gelangen, ausgewertet.

*Die Gemeinschaft der drei Persönlichkeitsanteile des Menschen: Hohes Selbst - Mittleres Selbst - Inneres Kind*

Das Mittlere Selbst verfügt nicht über ein Gedächtnis oder über Gefühle. Es hat keine außersinnlichen Wahrnehmungen und kein Gewissen (dies hängt auch mit dem Gedächtnis zusammen, da es über Erfahrungen gebildet wird).

Das Speichern von der vom Mittleren Selbst ausgewerteten Information besorgt das Innere Kind. Es ist auch die Quelle der Gefühle, hier entstehen die Moral, die Ethik, das Ge-wissen. Wird die Fähigkeit des Mittleren Selbst, Informationen zu sortieren, überfordert, zum Beispiel durch zu viele wichtige Eindrücke, die gleichzeitig wahrgenommen werden, bekommt das Innere Kind die Informationen ungeordnet und sortiert sie dann nach seinen Möglichkeiten, die aber nicht die Fähigkeit der logischen Auswertung beinhalten, im Gedächtnisspeicher ein.

So entstehen viele Ängste, Schuldgefühle und dogmatisierte

Moralvorstellungen. Besonders oft kommen solche Situationen im Kindesalter vor, da in dieser Entwicklungsperiode das Mittlere Selbst noch nicht so viele Möglichkeiten der Informationsverwertung hat, wie beim Erwachsenen. Es wird schnell einmal überfordert. Deshalb liegen die Wurzeln der meisten psychischen Problemstrukturen in der Kindheit. Doch auch später können bei Unfällen, seelischen Schocks oder ständiger geistiger Überarbeitung solche ungeordneten Erinnerungen angesammelt werden. Auch die Instinkte und die außersinnlichen Wahrnehmungen sind im Inneren Kind beheimatet. Ebenso ist hier die Quelle der persönlichen, unter anderem für alle Formen von magischer Arbeit, nutzbaren Energie.

Die persönliche Lebensenergie (Ki), wird ständig über die Nahrung und die eingeatmete Luft ergänzt. Sie ist nicht identisch mit Reiki, der überpersönlichen, universellen, Lebensenergie. Das Innere Kind kann durch seine außersinnlichen Fähigkeiten, wie Telepathie, eine direkte Verbindung zum Hohen Selbst herstellen. Das Mittlere Selbst kann dies nicht. Es ist viel zu sehr von den logischen, begreifbaren Strukturen geprägt, als daß es sich solche nichtkausalen Phänomene vorstellen und sie damit in den Bereich des Möglichen einbeziehen könnte.

Aus diesem Grunde haben "Verstandesmenschen" solche Schwierigkeiten, wenn es um Gefühle, spirituelle Dinge und nicht-logische Zusammenhänge geht. Sie akzeptieren ihr Inneres Kind nicht, daß ihnen somit auch nicht bei dem Verständnis dieser Erscheinungen helfen kann. Das Innere Kind denkt nicht wie das Mittlere Selbst logisch. Seine Art die Dinge zu betrachten und sich mit ihnen auseinanderzusetzen, ist geprägt von Gefühlsenergien, Bildern, Klängen, Gerüchen, Reizen und Symbolen.

Auf dieser Ebene werden Zusammenhänge nicht durch Logik, sondern akausal, zum Beispiel durch Zeitgleichheit, bestimmte ähnliche Merkmale oder andere sympathische Beziehungen hergestellt. Da hier auch die Magie zuhause ist, verstehst Du jetzt vielleicht, warum magische Rituale nicht auf logischen, sondern auf sympathischen Zusammenhängen beruhen. Denke zum Beispiel an die Voodoo-Püppchen der Schwarzen Magie, aber auch an die Hühnerfedern und die kleinen Heilungsgedichte beim Warzen- und Gürtelrose-Besprechen.

Das Innere Kind ist durch Pomp, theatralische Geschehnisse und dergleichen leicht zu beeindrucken. Es spielt gerne und ist neugierig. Im Allgemeinen bemüht es sich, Dir zu helfen, außer Du hast es verärgert. Zum Beispiel, indem Du es als dumm, albern oder böse beschimpft hast. Wenn Du es aber ernst nimmst und ihm hilfst, die Welt besser zu verstehen, wird es mit der Zeit zusätzlich zu seiner ureigenen Art des Verstehens, die des Mittleren Selbst erlernen. Und Du wirst durch die Beschäftigung mit Deinem Inneren Kind auch die kindliche Weltsicht kennen und lieben lernen, als Ergänzung zu der nüchternen, logischen Art, die Du ja schon beherrschst.

"Werdet wie die Kinder!", sagte Jesus und meinte damit, daß es sehr wichtig für uns ist, uns mit unserem Inneren Kind anzufreunden, es achten und lieben zu lernen. Die Fähigkeit zu Pendeln wird übrigens auch über das Innere Kind bewirkt. Das Pendel ist sozusagen das Anzeigeinstrument, mit dem die Eindrücke, die das Innere Kind über seine feinstofflichen Sinnesorgane bekommt, für das Mittlere Selbst verständlich übermittelt werden. Alle diese Informationen gehen aber vor der Übermittlung durch die Filter der Ängste, Hoffnungen und Schuldgefühle des Inneren Kindes. Aus diesem Grunde eignet sich das Pendel nicht unbedingt zu Orakelzwecken, zur Orientierung auf dem Lebensweg oder zur Erlangung von Informationen über spirituelle Zusammenhänge. Dafür sind Orakel, wie Runen, I Ging oder Tarot sehr viel besser geeignet. Sie werden direkt durch das jeweilige Hohe Selbst gesteuert und enthalten deshalb im ganzheitlichen Sinne richtige Informationen und Beurteilungen von Zusammenhängen.

Das Hohe Selbst ist der göttliche Anteil des Menschen. Es weiß um den selbstgewählten Lebensplan und kennt die früheren

Leben. Das Hohe Selbst ist nicht wie die anderen beiden Selbst-Anteile an Raum und Zeit gebunden. Es hilft den beiden gerne bei ihrer Entwicklung, wenn diese es ausdrücklich wünschen und ihm Energie zur Verfügung stellen, ohne die es auf der materiellen Ebene nicht wirken kann. Dieser Vorgang wird gemeinhin als Gebet bezeichnet.

Nun weißt Du sicher auch, daß nicht jedes Gebet erfüllt wird. Warum eigentlich? Um ein Gebet des Mittleren Selbst zum Hohen Selbst weiterzuleiten, ist die Mitarbeit des Inneren Kindes nötig. Wenn dieser Anteil sich zu schuldig, zu böse, zu unwürdig für einen Kontakt mit Gott hält, oder die Bitte als "unmoralisch" oder nicht statthaft betrachtet, wird es die Zusammenarbeit verweigern und den nötigen Kontakt nicht herstellen. Die Wertung des Inneren Kindes beruht dabei nicht auf logischen Zusammenhängen, sondern ist, wie oben beschrieben, an erlernten Moralvorstellungen orientiert, die zum Beispiel von den Eltern übernommen wurden. Stellt es die Verbindung her ohne zu wissen, wie es dem Hohen Selbst Energie senden soll, damit dieses die Realisierung des Gebetes bewirken kann, wird immer noch nichts aus der Sache. "Ganz schön kompliziert!", stöhnst Du? Ich glaube nicht. Laß diese Informationen eine Weile in Dir arbeiten, dann wirst Du merken, daß es ungewohnt, aber eigentlich nicht kompliziert ist.

Ein Beispiel für diese Zusammenhänge sind die Fähigkeiten mancher Geistheiler. Solange sie kein Geld für ihre Bemühungen beanspruchen, können sie heilen, ihr Inneres Kind glaubt dann, daß es rein genug für die kosmische Kraft ist. Wenn ein solcher Heiler trotzdem mal Geld fordert, denkt sein Inneres Kind, dies sei unmoralisch und entspräche nicht dem göttlichen Willen. Deshalb traut es sich nicht mehr, das Hohe Selbst um die heilende Energie zu bitten. Der Geistheiler kann nicht mehr heilen, bis er seine "Verfehlung" sühnt und wieder ohne Energieaustausch weitermacht. Andere Heiler, die diese moralische Struktur nicht in sich tragen, sind durchaus in der Lage, auch höhere Geldsummen für ihre Leistungen anzunehmen und zugleich wunderbare

*Das Hohe Selbst unterstützt das Mittlere Selbst und das Innere Kind in ihren Wachstumsprozessen, wenn sie es wünschen*

Heilungen zu bewirken. Es ist also alles eine Sache der erworbenen Charakterstruktur. Manche bezeichnen dies auch als Karma.

Der Kontakt mit dem Hohen Selbst ist sehr wichtig für Dich. Er kann Dir helfen, mit schwierigen Situationen im ganzheitlichen Sinne vernünftig umzugehen. Du wirst mehr mit Menschen und Situationen zusammenkommen, die zu Dir passen, und die Dir helfen können, zu lernen, was für Dich wichtig ist. Du bekommst durch den regelmäßigen Kontakt mit Deinem Hohen Selbst die nötige Sicherheit zur Steuerung Deines Lebensbootes und dies hilft Dir, die Persönlichkeitsanteile des Inneren Kindes und des Mittleren Selbstes zu entwickeln. Diese Entwicklung stimmt Deine Gesamtpersönlichkeit immer mehr auf die energetische Ebene des Hohen Selbst ein.

menschlichen Lebens. Auf herkömmlichem Wege ist es recht langwierig und umständlich zu einem wirklichen Kontakt mit dem Hohen Selbst zu kommen. Das meiste, was viele Menschen erfahren, wenn sie diese Verbindung suchen, ist ein intensiver Kontakt mit dem Inneren Kind und seiner farbenprächtigen Bilderwelt. Und das ist ja auch ganz in Ordnung, denn vor der Verbindung mit Gott sollte ein Mensch erst einmal die Verbindung zu sich selbst aufnehmen. Ein Baum benötigt erst einmal die Verbindung zur Erde, wenn er zum Licht wachsen will.

Auf dem Reiki-Weg findet die wesentliche Klärung der Ebene des Inneren Kindes mit den Möglichkeiten des 1. Grades statt. Aber auch später gibt es noch viel Gelegenheit, mit ihm zu spielen und zu lernen.

Einen gangbaren Weg, über die Klärung des Verhältnisses zum Inneren Kind und seiner Schuldgefühle zum Hohen Selbst zu kommen, bietet die HUNA-Lehre nach Max F. Long (siehe Bibliographie). Von dieser aus praktischen Erfahrungen gewachsenen Lehre habe ich für das Verständnis der 2. Grad-Arbeit wesentliche Informationen übernommen.

Die HUNA-Theorie paßt so gut zu der Reiki-Praxis, als wäre das Eine für das Andere geschaffen. Meiner Ansicht nach haben beide weit zurück in der Geschichte einen gemeinsamen Ursprung. Wie dem auch sei, Du kannst jedenfalls ausgezeichnete Ergebnisse erzielen, wenn Du die 2. Grad Werkzeuge benutzt und dabei die HUNA-Erkenntnisse berücksichtigst.

Mittels der 2. Grad-Fähigkeiten lassen sich sowohl das Innere Kind, als auch das Hohe Selbst direkt erreichen. Du kannst mit ihnen Informationen austauschen, Wege der Zusammenarbeit vorschlagen und diskutieren und Energie durch Deine Reiki-Fähigkeiten mobilisieren, um Dir und anderen das Leben zu erleichtern.

Wenn Du mit dem Inneren Kind in Kontakt trittst, wird die Verständigung in erster Linie über Symbole, Farben, Bilder, Gefühle und dergleichen ablaufen. Du kannst zu Deinem Inneren

*Wenn das Mittlere Selbst und das Innere Kind eines Menschen lernen, sich anzunehmen ...*

*... werden sie ein liebevolles Power-Team.*

Kind nicht unbedingt gleich mit Worten reden. Es ist leicht zu beeindrucken, verspielt, gerne gefällig, aber auch schnell eingeschnappt oder gelangweilt, wenn ihm etwas gegen den Strich geht. Erkunde mit ihm zusammen Deine Ängste und Hoffnungen, hilf ihm, Dinge, die es verwirren oder in ihm Schuldgefühle hervorbringen, anders zu sehen und laß Dir von ihm helfen, wieder mehr zu spielen, lebendiger zu sein, Deiner Neugier zu folgen und Deine Gefühle ernst zu nehmen. Mit der Zeit werdet ihr beide immer besser miteinander klarkommen und euch gegenseitig unterstützen. Dein Inneres Kind wird Dir viel lebendige Kraft geben, die Du nach den Maßgaben Deines Hohen Selbst einsetzen kannst, um Dein Leben im ganzheitlichen Sinne vernünftig zu gestalten.

Wenn Mittleres Selbst und Inneres Kind lernen, karmisch zusammenzuarbeiten, sind sie ein richtiges "Power-Team"!

Der Reiki-Kontakt mit Deinem Hohen Selbst wird noch etwas exotischer sein, als der vorherige zu Deinem Unneren Kind.

Während der ersten Meditationen mit Deinem Hohen Selbst wirst Du wahrscheinlich wenig konkrete Eindrücke bekommen. Erwarte diese auch nicht. Mach Dich frei für das, was passieren wird. Nach jeder Sitzung, die anfangs 10 Minuten, einmal pro Woche, nicht übersteigen sollte, wirst Du, je nach Deiner Erwartungshaltung recht verwirrt, enttäuscht oder auch tief beeindruckt sein – ohne eigentlich genau zu wissen, warum. Grüble nicht darüber nach. Laß den Kontakt immer wieder geschehen! Im Laufe der Zeit werden sowohl Dein Körper, als auch Dein Geist in einen tiefgreifenden harmonischen Wachstumsprozess geraten.

Wenn Du diesen Prozeß bemerkst, kannst Du einen Schritt weiter gehen. Gib Deinem Hohen Selbst einige Minuten Reiki und teile ihm mit, daß es diese Energie nach seinem Willen verwenden kann. Bitte Dein Hohes Selbst dann um Hilfe bei einer Angelegenheit, die Dir wichtig ist und die Du gerne im ganzheitlichen Sinne vernünftig erledigen möchtest. Teile ihm mit, daß es

Dir wichtig ist, diese Sache so zu regeln, daß es allen Beteiligten zum Vorteil gereicht (das ist sehr wichtig!). Gib ihm danach noch einmal einige Minuten Reiki, damit es auf der materiellen Ebene wirken kann und sage ihm, es möge sich bei Dir bemerkbar machen, wenn es mehr Reiki-Kraft zur Erledigung dieser Angelegenheit oder einer anderen Sache benötigt.

Deine Bitten müssen sich nicht auf spirituelle Wünsche beschränken. Auch Gebete, die materielle Ziele betreffen, sind durchaus statthaft, wenn sie zum Vorteil aller Beteiligten geregelt werden. Diese Form der Arbeit mit Deinem Hohen Selbst ist eine phantastische Möglichkeit, Gottes Willen hier auf Erden geschehen zu lassen.

Hilf mit und trag so Deinen Teil dazu bei, mehr Liebe und Licht auf unsere Ebene zu bringen. Wahrscheinlich erscheint Dir vieles von dem, was ich geschrieben habe, noch unverständlich. Laß Dich davon nicht irritieren und fang einfach an, zu arbeiten. Dann lösen sich Unverständnis und Mißverständnisse schnell von selbst auf. Deine beiden »Partner« werden Dir gerne helfen, "richtig" mit ihnen zu arbeiten. Bitte sie einfach darum. Alles andere geht dann fast von allein. Ihre Hilfe ist für Dich höchstwahrscheinlich sehr viel wertvoller als alles, was ich jetzt noch darüber schreiben könnte.

Wenn Du Dich dafür interessierst, noch mehr über die Arbeit mit Deinen Selbsten zu erfahren, schau in der kommentierten Bibliographie nach. Dort findest Du mehrere Bücher über HUNA, die Dir weitere Einblicke und Anregungen für Deine 2. Grad-Arbeit geben können.

## Umwelt-Reiki

Mit dieser Anwendung sind die Möglichkeiten dieser Technik aber noch lange nicht erschöpft. Mit dem 2. Grad kannst Du auch aktiven Umweltschutz betreiben. Wenn Du etwas gegen die Zerstörung der lebendigen Prozesse unseres Planeten tun möchtest, kannst Du zum Beispiel der ganzen Erde Reiki geben. Oder Dich auf ein Gebiet konzentrieren, von dem Du weißt, daß es sehr geschädigt ist. Tu Dich mit anderen Reiki-Freunden zusammen, die ebenfalls den 2. Grad haben, und behandelt gemeinsam regelmäßig bestimmte Gebiete.

Durch das gemeinsam von der Gruppe geschaffene Reiki-Feld, fließt die Energie noch um einiges stärker als wenn jeder allein arbeiten würde.

Im Anhang findest Du einige Adressen von Vereinigungen, in denen sich viele Reiki-Freunde zusammengeschlossen haben, um diese wichtige Arbeit gemeinsam zu tun. Eine weitere nützliche Anwendung dieser Technik besteht in der Reaktivierung der Erd-Chakren und Erdmeridiane. Nimm einfach Verbindung zu den Erdchakren auf und sende ihnen Reiki, um ihre Funktionen wieder zu normalisieren.

Auch hierfür eignet sich die regelmäßige Gruppenarbeit wieder am besten.

Als letztes Beispiel möchte ich noch die energetische Reinigung von Räumen anführen. Diese Anwendung läßt sich auch so gestalten, daß bestimmte Erdstrahlungen auf Dauer beseitigt werden und andere zumindest für eine gewisse Zeit verschwinden. Selbst 'technische Störer' lassen sich so, wenn sie nicht zu stark sind, für eine Weile dämpfen. Es gibt noch viel mehr, was Du mit diesem Werkzeug beginnen kannst, doch ich möchte hier nichts weiter aufführen. Einerseits hast Du jetzt genug Anregungen zur Entwicklung eigener Ideen bekommen, andererseits erfordern einige sehr intensive Anwendungen unbedingt die persönliche Unterrichtung und Kontrolle durch einen erfahrenen

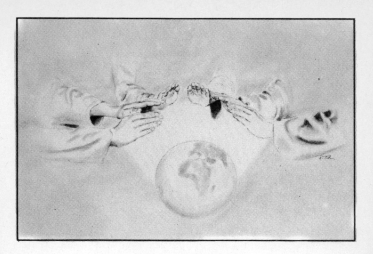

*Reiki-Umweltarbeit*

Reiki-Meister, um mit den Erfahrungen harmonisch umgehen zu können. Diese Arbeit steht auch im Mittelpunkt meiner Reiki-Do Seminare zum 2. Grad, in denen das weitergehende Wissen vermittelt wird.

c) Eine Methode, auf der Mentalebene eines Wesens harmonisierend mit der Reiki-Kraft zu arbeiten (Mental-Heilung).

Auf diese Weise lassen sich unter anderem Ängste, disharmonische Verhaltensmuster und Süchte günstig beeinflussen.

Ich bin Dir noch eine Erklärung zur Mental-Ebene schuldig, die ich Dir weiter oben versprochen habe: Dir sind sicher die sechs Hauptchakren des Menschen bekannt (wenn nicht, lies im Anhang nach, da sind sie kurz erklärt). Stell Dir diese Energiezentren als den horizontalen Aufbau der inneren Energiestruktur eines Menschen vor. Jedes von ihnen hat auch noch einen vertikalen Aufbau. Es ist also in mehrere Schichten unterteilbar.

Diese Ebenen werden zum Beispiel als Astral-, Mental- oder Ätherkörper bezeichnet. Ich möchte hier nur auf den Mentalkörper eingehen. Er berührt alle Hauptchakren und organisiert alle Denkprozesse. Und zwar sowohl die bewußten als auch die unbewußten. Schwerpunktmäßig während der Kindheit, aber auch später noch, geschehen im Mentalkörper wichtige Programmierungen. Bestimmte, immer wiederkehrende Abläufe werden erkannt und gespeichert, damit sie später automatisch wiederholt werden können. Dies passiert zum Beispiel beim Erlernen des Autofahrens. Zuerst mußt Du bei jedem Schaltvorgang nachdenken und ihn ganz bewußt ausführen. Später läuft alles automatisch ab. Bestimmte Regelkreisläufe wurden zusammengestellt, die Dir Dein Bewußtsein für aktuelle Vorgänge freihalten. Nun werden diese Automatismen nicht nur für körperliche Abläufe eingerichtet, sondern auch für geistige. Beispielsweise dann, wenn Du von Deinen Eltern lernst, daß bestimmte Handlungen, wie im Matsch herumzuspielen oder langsam zu Essen nicht erwünscht sind, oder Arbeit anstrengend und lustfeindlich sein muß.

Auf diesen Einschränkungen bauen wieder andere Reflexe auf, die später geschaffen werden und mit der Zeit verlierst Du immer mehr die Lust am Spielen, ißt hastig, weil sonst Schuldgefühle hochkommen und bist nur dann mit Deiner Arbeit zufrieden, wenn sie Dich schlaucht und keinen Spaß macht. Selbst wenn Du irgendwann erkennst, daß diese unbewußten Denkabläufe ungesund sind, wird es Dir schwerfallen, sie zu ändern. Sie sind fest in Deinem Unterbewußtsein (bitte nicht mit dem Inneren Kind verwechseln!) verankert. Einerseits ist diese Einrichtung ungeheuer praktisch – es wäre nicht sehr sinnvoll, wenn einmal gelernte Reflexe sich so leicht ändern ließen –, andererseits wird es durch ihr gewaltiges Beharrungsvermögen ,sehr mühsam und langwierig, den teilweise morschen Unterbau der erworbenen Charaktereigenschaften durch tragfähigere Strukturen zu ersetzen.

Jeder von uns trägt eine Unmenge dieser Automatismen in sich. Viele davon brauchen wir, andere machen uns das Leben schwer. Zum Beispiel die, die uns immer wieder einen Partner suchen lassen, der einem bestimmten Elternteil ähnlich sieht, weil wir uns bei ihm besonders wohl gefühlt haben. Grundsätzlich ist das ja noch kein Problem, aber es wird störend, wenn wir diesen Partner dann auch noch wie Mutter oder Vater behandeln und entsprechende Erwartungen an ihn haben, die nicht zu einer Partnerschaft zwischen Erwachsenen passen.

Für diese überflüssigen, behindernden Strukturen, die sich so oft zu richtigen neurotischen Teufelskreisen auswachsen, ist die Mentalheilungstechnik des 2. Grades gedacht. Ähnlich einfach, wie Du es schon von Reiki gewohnt bist, kann Dir diese Technik helfen, solche störenden, unterbewußten Abläufe aufzulösen und damit wieder mehr Freiheit für das Leben im Hier und Jetzt zu schaffen. Die bewußte, freie Lebensgestaltung in der Gegenwart ist ja eine unabdingbare Voraussetzung für das spirituelle Wachstum. Süchte aller Art, festgefahrene Moralvorstellungen und ähnliche in der Fachsprache "Fixationen" genannte Charakterstrukturen, die Dich auf ganz bestimmte, disharmonische Verhaltens-, Denk- und Urteilsmuster festlegen, können so einfach und harmonisch gelockert und letztlich aufgelöst werden.

Psychotherapeuten haben mit dieser Reiki-Technik eine phantastische Möglichkeit, um ihren Patienten bei der Gesundung zu helfen. Oft sind die Fixationen so beherrschend, daß eine Bearbeitung des zugrunde liegenden Themas gar nicht möglich ist. Oder eine Sucht behindert die Lebenssituation des betreffenden Menschen so sehr, daß er keine Therapie durchhalten kann. In diesen, aber auch in vielen anderen Fällen, die auf "falschen Programmen" im Unbewußten beruhen, erweist sich die Mentalheilungsmethode des 2. Grades immer wieder als unschätzbare Hilfe.

Doch es gibt noch weitere nützliche Anwendungen dieser Technik. Du kannst bestimmte, ganzheitlich sinnvolle (nur diese!, denn Hypnose, Suggestion oder andere "magische" Anwendungen sind ausgeschlossen) Automatismen einrichten. Zu diesem Zweck ist ein gutes Buch über Affirmationen nützlich (Literaturvorschläge siehe Bibliographie). Du kannst Dir dort viele Anregungen holen, die Du für Deine Zwecke direkt einsetzen oder individuell anpassen kannst.

Voraussetzung für eine grundsätzliche Wirksamkeit, sind die Unschädlichkeit des neuen Automatismus für andere und seine Nützlichkeit für alle Beteiligten. Ein Beispiel: Du möchtest einen gebrauchten Wagen kaufen und gibst Dir mit der Mentalheilungstechnik ein "Ich bin so redegewand und überzeugend während des Kaufgespräches, daß ich den Wagen sehr billig bekomme!". So geht es nicht! Wenn Du stattdessen die Affirmation "Ich gestatte mir, einen guten, zu mir passenden Wagen zu einem fairen Preis zu bekommen!" verwendest, stehen die Chancen für die Sache sehr gut. Du öffnest Dich damit für einen fairen Austausch, der allen Beteiligten nützt. Zu diesem Thema kannst Du auch noch einmal im Kapitel über den 1. Grad den Abschnitt über die "Ewigen Gesetze des Energieaustausches" nachlesen.

Diese Technik kann also entweder mit einer Affirmation verwendet werden, um ganz bestimmte Dinge zu ermöglichen oder auch ohne Eingabe, um überflüssig gewordene Programme abzubauen.

Eine besonders nützliche Methode ist die Auswahl von Affirmationen nach dem Zufallsprinzip aus einem Kartenstapel, der möglichst viele Bejahungen zu allen wichtigen Lebensbereichen enthält. Du kannst Dir diese Kärtchen entweder selbst machen oder aber vorgefertigte verwenden (siehe Bezugsquellenverzeichnis im Anhang). Durch die "zufällige" Auswahl ermöglichst Du Deinem Hohen Selbst ein im Moment für Dich besonders wichtiges Thema auszuwählen. Du kannst also sicher sein, auf die im ganzheitlichen Sinne richtige Art ein neues Programm in Deinem Unterbewußtsein einzurichten. (Das Auspendeln solcher Themen ist nicht sinnvoll! Lies dazu vielleicht noch einmal im letzten Abschnitt über die Möglichkeiten des Inneren Kindes nach.)

Diese Methode funktioniert natürlich auch, wenn Du keine Eingabe verwendest. Nur hast Du mit dem Affirmationskärtchen die zusätzliche Möglichkeit, mit Deinem Verstand das zur Zeit wichtige Thema zu erkennen und daran zu arbeiten. Diese Zufallsmethode kann jedoch mit einer Schwierigkeit verbunden sein: Vielleicht willst Du diese Antwort nicht! Dann wird diese Mentalheilungstechnik in der Wirksamkeit beeinträchtigt. Ähnlich wie bei der Körperbehandlung mit Reiki entscheidet Deine Annahmebereitschaft auch auf der Mentalebene darüber, ob Reiki zu Dir fließen darf oder nicht. Andererseits könnte diese Situation in einer Gesprächstherapie genutzt werden, um Widerstände und ihre Ursachen zu klären. Dazu ist aber ein anderer Mensch nötig, der Dir dabei hilft. Wenn Du lieber um diese Widerstände herumarbeiten möchtest, mach Dir Gedanken darüber, was Du an Deinem Verhalten ändern möchtest und wo es Dir am leichtesten fallen würde, wo also die geringste Abwehr fühlbar wird. Wenn Du nichts über Abwehrmechanismen weißt, informiere Dich in der einschlägigen Fachliteratur darüber. Dann bastle Dir eine kurze, klar formulierte Affirmation zu Deinem Thema oder greife auf eine fertige aus der Literatur (siehe Anhang) zurück. Eine weitere Methode, mit der Mentalheilung zu arbeiten, ist, eine Affirmationskarte nach dem Zufallsprinzip auszuwählen, nachdem Du vorher darum gebeten hast. eine Eingabe zu bekommen, die Dich auf Deinem Weg weiterbringt und bei der Du nicht in eine Abwehrhaltung gehst, wenn Du mit ihr arbeitest.

Um einen ständigen, für Dich maßgeschneiderten Lern- und Transformationsprozeß einzuleiten, kannst Du die Mentalheilung ohne Eingabe regelmäßig (mindestens 2- bis 3mal pro Woche) für je 5 - 10 Minuten anwenden. Dies ist ein sicherer Weg der kleinen Schritte. Gehe ihn und erwarte nichts, damit alles passieren kann.

Alle diese Anwendungsmöglichkeiten sollten letztlich nach dem Lustprinzip organisiert werden. Schaffe Dir keine neuen Zwangsjacken, sondern lerne Dich lieben, indem Du Deine Widerstände annimmst, von ihnen lernst und Reiki dann so anwendest, daß es Dir Spaß macht. Erst dann gehst Du den Reiki-Weg. So, wie Du Dir mit der Mentalheilung helfen kannst, aus den selbstgeschaffenen Teufelskreisen auszubrechen, kannst Du dasselbe natürlich auch für andere tun.

Edelsteine können zum Beispiel von dieser Möglichkeit profitieren. Mit der Mentalheilung kannst Du ihnen helfen, disharmonische Programmierungen loszulassen und harmonische anzunehmen. Sie lassen sich auf diese Weise tiefgreifend reinigen. Selbst wenn konventionelle Reinigungsmethoden wie Wasser und Sonne versagen, kann die Mentaltechnik die Kraft eines Steins wieder erwecken, wenn er zum Beispiel von disharmonischen Einflüssen überlastet wurde.

Wenn Du diese Methode mit der Fernheilungstechnik verbindest, kannst Du der Erde und allem, was auf ihr lebt, an bestimmten Punkten oder auch ganz allgemein noch intensiver helfen, sich auf die Schwingung der Neuen Zeit einzustimmen und verborgene Potentiale, die gerade jetzt so dringend benötigt werden, zu fördern.

In der Zusammenfassung läßt sich sagen, daß die Mentalheilungsmethode die Begrenzungen der erworbenen Charakterstrukturen aufhebt (aktive Karmaarbeit) und Dir hilft, Dein bewußtes und unbewußtes Denkverhalten nach den kosmischen Gesetzen des Lebens zu gestalten.

# Das persönliche Wachstum
# durch den 2. Grad

So – jetzt weißt Du recht gut, was Dir der 2. Reiki-Grad an Werkzeugen zu bieten hat. Das ist notwendig, um die persönlichen Wachstumschancen zu verstehen, die Du durch die Verwendung der bereitstehenden Werkzeuge für Dich verwirklichen kannst.

Wesentliche Grenzen, die viele Menschen für selbstverständlich halten, werden durch den 2. Grad relativiert.

Die Kraftverstärkung entbindet Dich weitgehend von der Begrenzung des Energieflusses und reduziert damit den zeitlichen Aufwand für Reiki-Sitzungen enorm, den Du während Deiner 1. Grad Zeit treiben mußtest. Die Fernbehandlungstechnik hilft Dir, die Grenzen von Raum und Zeit zu überwinden und die Mentalheilungsmethode kann Dir helfen, die Wachstumsbeschränkungen, die Dir durch Deine erworbenen Charakterstrukturen gesetzt sind, aufzuheben. Toll, was?

Und wie geht es jetzt weiter? Genau das ist der springende Punkt! Du hast jetzt eine Menge Werkzeuge, die sich nicht mißbrauchen, sondern nur zum Guten einsetzen lassen. Es liegt innerhalb Deines Entscheidungsbereiches, sie zu verwenden und Schwerpunkte zu setzen. Du hast jetzt buchstäblich die Möglichkeit in den Händen, das Licht und die Liebe Gottes für Dich und andere hier auf diese Welt zu holen. Wirst Du es tun? Wie fühlst Du Dich vor dieser Entscheidung? Hast Du Angst? Bist Du im Machtrausch? Interessiert Dich die Sache überhaupt, oder wolltest Du eigentlich lieber schnell reich, glücklich und berühmt werden? Du bist jetzt in der Lage, Dich von allen behindernden Schatten zu befreien. Dein Mittleres Selbst kann über den Einsatz der Werkzeuge entscheiden. Es gibt keine Entschuldigung mehr, die Du vorschieben kannst, wenn Du untätig bleibst.

Du warst machtlos, jetzt bist Du es nicht mehr. Du warst unfrei

– jetzt hast Du mehr Möglichkeiten, als Du Dir je träumen ließest. Du hast Dein Schicksal in der Hand und kannst sogar anderen auf ihrem Weg helfen. Was Du jetzt lernen kannst, ist, Dich freiwillig immer wieder dem Licht zuzuwenden. Du mußt das nicht. Du kannst auch so weiterleben wie vorher und einfach so tun, als wäre nichts passiert. Oder Du kannst Dich entscheiden, zum Licht zu wachsen und an Dir arbeiten. Dazu ist es notwendig, daß Du Dir immer wieder bewußt machst, warum dieses Wachstum wichtig ist. Jetzt reichen die schönen Gefühle, die eine Reiki-Sitzung in Dir hervorruft, nicht mehr als Motivation. Du mußt Dir durch die Möglichkeiten Deines Geistes immer wieder bewußt machen, warum es wichtig und richtig ist, seine Strukturen zu klären. So wie mit den Mitteln des 1. Grades der Körper mit seinen Strukturen harmonisiert wurde, ist jetzt dasselbe auf der geistigen Ebene fällig. Hier wie dort hast Du aber die Freiheit, "Nein" zum Wachstum zu sagen. Das ist wichtig, sonst wäre Deine gottgegebene Entscheidungsfreiheit durch Reiki aufgehoben. Reiki soll Dir aber nicht die Freiheit nehmen, sondern Dir die Mittel in die Hände legen, sie Dir umfassend zu erobern und im Sinne des göttlichen Bewußtseins einzusetzen.

Vielleicht hast Du Dich schon beim Lesen des Abschnittes über die Anwendungen der 2. Grad-Werkzeuge gefragt, wo der Haken ist, wo die Grenzen sind: sie liegen in deinem Willen, zu Gott zu wachsen und Dich während dieses mühevollen Prozesses immer wieder in Frage zu stellen. Wenn Du mit der Mentalheilungstechnik wirkliche Ergebnisse erzielen willst, mußt Du Dich mit Deinen persönlichen Werturteilen, Deinen moralischen und ethischen Vorstellungen, Deinen Angst-, Gier-, Schuld- und Moralreflexen immer wieder sehen lernen und in Frage stellen. Um weiterzuwachsen, ist es nötig, diese gewachsenen Strukturen aufzulösen.

Die Liebe kennt keine moralische Begrenzung. Wenn Dein Verstand lieben lernen will, muß er lernen, seine Wertungen und Grenzen aufzugeben. Je mehr er dies wagt, desto mehr wächst er zur Ebene des Hohen Selbst, zu dem Kontakt mit Gott, hinauf. Vergißt er dabei, sein Inneres Kind mitzunehmen und es mit seinen "kindischen" Bedürfnissen und Energien anzunehmen und lieben zu lernen, verliert er seine Wurzeln. Der Verstand kann in diesem Fall sein Potential nicht zum Wohle aller Wesen auf dieser Erde einsetzen, da er ja die irdischen Anteile aus seinen Bemühungen, zu wachsen, ausklammert. Sein Inneres Kind wird ihm die Energie verweigern, auf der Erde zu leben, weil es sich nicht angenommen und geliebt fühlt. Das Innere Kind mit seinen Energien wie Aggression, Sexualität, Neugier und Freude, Spieltrieb und Nähebedürfnissen läßt sich nicht wegentwickeln.

Du kannst mit der Mentalheilung die automatischen Reaktionen auf bestimmte Reize auflösen, aber nicht die Quelle, aus der diese Mechanismen ihre Energien beziehen.

So ist das persönliche Wachstum mit dem 2. Grad ein ständiger Balanceakt. Du hast alle Möglichkeiten zum persönlichen Wachstum, kannst sie aber nur benutzen, wenn Du Deinen Willen einsetzt, um Dir Deine Begrenzungen bewußt zu machen. Es ist dabei nicht unbedingt erforderlich, alle disharmonischen Strukturen zu erkennen und zu verstehen. Erst einmal ist es notwendig, Deine ganzen gesammelten Denkmodelle grundsätzlich zur Disposition freizugeben, damit Reiki seine heilende Wirkung entfalten kann.

Wie auch bei den 1. Grad-Anwendungen entscheidet der Empfänger der Reiki-Kraft, ob und in welchem Umfang er sie 'einzieht'.

Bist Du im Grunde nicht willens, Deine Wertvorstellungen und Verhaltensmuster loszulassen, wird Reiki Dir nicht die Freiheit nehmen, weiterhin mit ihnen zu leben. Bist Du innerlich aber bereit, auch Deine Mentalebene vom göttlichen, liebevollen Licht durchdringen zulassen, wird Reiki Dir wirksam dabei helfen.

Es ist also letztlich eine bewußte Entscheidung, und ähnlich wie beim 1. Grad, kannst Du auch beim 2. Grad bestimmte

Übungen durchführen, um es Dir leichter zu machen, Deine Machtansprüche loszulassen.

Aber auch damit bist Du noch nicht am Ende. Die Mentalheilungstechnik wird Dir zwar helfen, disharmonische Strukturen aufzulösen. Danach mußt Du aber neue, harmonischere einrichten. Denn ohne Strukturen kannst Du nicht leben. Du bist auf der Ebene der Vielheit der Strukturen inkarniert. Doch woher nehmen? Eine wichtige Orientierung können Dir da die fünf Reiki-Lebensregeln sein. Aber auch alte Weisheitsbücher, wie das chinesische I Ging-'Orakel' mit seinen zeitlosen Aussagen über die Natur der Welt, können Dir helfen.

Im Zweifelsfall kannst Du auch immer von Deinem Hohen Selbst Rat erbitten, wenn Du eine Reiki-Verbindung zu ihm aufnimmst.

Wichtig für mich war die Beschäftigung mit der Menschheitsgeschichte und den vielen unterschiedlichen Zivilisationen, die sie hervorgebracht hat. Je mehr Du mit all den Varianten von moralischen und ethischen Strukturen bekannt wirst, desto schwieriger wird es für Dich, Deine derzeitige Meinung als die allein vernünftige zu beurteilen.

Millionen von Menschen haben ja anders gedacht und gehandelt als Du, und auch sehr viel für sich und ihre Mitmenschen erreicht. Zwei Beispiele sollen Dir Denkanstöße für die eigene Beschäftigung mit diesem Thema geben: Bei bestimmten indianischen Stämmen gehörte es zum Erwachsenwerden, daß die Heranwachsenden sich für eine Weile aus der schützenden Stammesgemeinschaft herausbegaben und ihr Krafttier und ihre spirituelle Vision suchten. Ganz allein verbrachten sie mitunter viele Wochen in der Wildnis, hungerten und waren der Witterung und den wilden Tieren ausgeliefert. Viele starben bei dieser Suche. Diese Art der Selbstfindung wurde für unerläßlich auf dem Weg zum erwachsenen Menschen gehalten.

Würde so etwas heute passieren, fiele die Gesellschaft geschlossen über die grausamen Menschen her, die ihre armen, hilflosen Kinder solchen überflüssigen Leiden und Gefahren aussetzen. Bei einigen noch naturverbunden lebenden Völkern waren die Ausdrücke für "miteinander Sex haben" und "Bekanntschaft schließen" die gleichen. Im täglichen Leben bedeutete dies einen sehr viel ungezwungeneren Umgang mit sexuellen Kontakten, als wir es heute gewohnt sind. Diese Menschen hatten gleichzeitig keine Worte für "Krieg" oder "Verbrechen". Es gab diese Verhaltensweisen nicht, und so fehlten auch die Bezeichnungen dafür ...

## Übungen für das persönliche Wachstum mit den Methoden des 2. Grades

Eine wichtige Übung sind die regelmäßigen Reiki-Behandlungen für Dich. Sie sorgen dafür, körperliche Verspannungen schnell abzubauen, bevor sie sich festsetzen und damit Dein geistiges Wachstum behindern können. Sie sind aber auch dazu da, daß körperliche Blockaden, die durch die Reiki-Arbeit an damit zusammenhängenden geistigen Strukturen entstanden sind, aufgelöst werden können und nicht wieder indirekt bewirken, daß bestimmte disharmonische Reflexe neu eingerichtet werden.

Die 2. Grad-Techniken erlauben Dir, die Sitzungen enorm zu verkürzen, so daß Du freie Zeit bekommst, die Du zum Teil für die Arbeit an geistigen Strukturen (Mentalbehandlung) oder zur Aufarbeitung Deiner Vergangenheit in diesen und anderen Leben, zu Kontakten mit Deinem Hohen Selbst oder Deinem Inneren Kind verwenden kannst (Fernbehandlung).

Regelmäßige Reiki-Behandlungen bedeuten für mich: mindestens drei Mal pro Woche 20 Minuten lang. Besser sind täglich 30 Minuten, gerade, wenn Du in die 2. Grad-Persönlichkeitsarbeit einsteigst. Einmal im Monat eine Stunde bringt nichts! Es ist auch eine tolle Erfahrung, Dir mal eine 90-minütige Fernbehandlung mit viel Kraftverstärkung zu schenken. Das kann wie ein Energiebad sein und wird wahrscheinlich zu den schönsten und bewegendsten Erfahrungen Deines Lebens zählen.

Eine weitere Übung ist die Orakelarbeit mit Tarot, Runen oder I Ging. Finde mit der Hilfe Deines Hohen Selbst, das diese Orakel steuert, heraus, welche erworbenen Charakterstrukturen Deine Entwicklung zur Zeit am meisten behindern und arbeite dann mit der Mentalheilungstechnik daran, sie aufzulösen.

Eine gute Hilfe können Dir bei dieser Arbeit auch die weiter oben angesprochenen Affirmationskärtchen und -bücher sein. Wichtige Erfahrungen kannst Du mit der "Was-wäre-wenn...?"-Übung machen.

Nimm Dir eine gute Stunde Zeit und schreibe auf, was für Konsequenzen es für Dein Leben hätte, wenn Du bestimmte Moralvorstellungen oder andere Fixierungen, an denen Du besonders festhältst, genau in ihr Gegenteil verkehren würdest.

Wenn Du Dir beim besten Willen nicht vorstellen kannst, wie Du so leben könntest, suche in Büchereien, in Filmen oder Zeitschriften nach Schilderungen von Menschen, die genau dies tun. Es gibt sie immer, sei sicher!

Regelmäßige Kontakte mit Deinem Inneren Kind und Deinem Hohen Selbst können Dir helfen, Deine Persönlichkeit mit allen ihren Facetten und Möglichkeiten als Ganzes verstehen und lieben zu lernen.

Die Kontakte brauchen nicht häufiger als einmal pro Woche jeweils 5 bis 10 Minuten stattzufinden, außer Du möchtest die Verbindungen zu Deinen Partnern gerne häufiger herstellen.

Zu guter Letzt: Nimm immer wieder das Kapitel über den 1. Grad zur Hand und lies den Abschnitt über die Reiki-Lebensregeln und die dazugehörigen praktischen Übungen. Sammle Erfahrungen mit ihnen und gewöhne Dich an das regelmäßige Üben.

## Zusammenfassung

Mehr noch als mit dem 1. Grad übernimmst Du mit der bewußten Nutzung des 2. Grades zur Förderung Deines persönlichen Wachstums Verantwortung für Dein Leben. Du kannst bewirken, daß Du nicht mehr Spielball äußerer Kräfte der Gegenwart und den Lasten aus Deinem vergangenen Leben bist, sondern der Meister Deines Schicksals, im Rahmen der universellen Zusammenhänge wirst, von denen Dein Lebensweg einen wichtigen Bestandteil ausmacht.

Je mehr Du mit den Möglichkeiten des 2. Grades arbeitest, desto mehr Anwendungen wirst Du entdecken und desto vertrauter wird Dir die neue, umfassendere Sichtweise der Welt, die Du so kennenlernst. Erwarte dabei nicht, daß sich Dein Leben von heute auf morgen radikal ändert. Das kann zwar passieren, allerdings ist dies sehr selten. Wenn Du Reiki nach dem Lustprinzip anwendest, d. h. Dir immer Reiki gibst, wenn Du Lust dazu hast und es nicht tust, wenn Dir nicht danach ist, wirst Du in einen Wachstumsprozeß geraten, der Dir sowohl vom Tempo, als auch von der Art vollkommen entspricht. Nimm Dir diese Zeit und versuche nicht, so schnell wie möglich "alles hinter Dich zu bringen". Wenn Deine Veränderung harmonisch von statten gehen soll, muß Dein Körper auch die Zeit haben, sich umzustellen, weil er mitunter sehr viel langsamer ist als Dein Geist.

Dein Partner, Deine Freunde und Bekannten, die Verwandschaft und die Kollegen brauchen ihre Zeit, um sich an den neuen Menschen zu gewöhnen und mit ihm umgehen zu lernen. Wenn Du sie mit neuen Ansichten und Lebensgestaltungen radikal vor den Kopf stößt, nach dem Motto: "Was kümmern mich diese Zurückgebliebenen!", werden sie nicht gerade freundlich darauf reagieren und Dir auf die eine oder andere Art und Weise Steine in den Weg legen. Vielleicht wollen sie auch einfach nichts mehr mit Dir zu tun haben.

Kommst Du in so eine Situation, merkst Du an dem, was sie

Dir spiegeln, daß Du Dich übernommen hast. Sie zeigen Dir durch ihr Verhalten wichtige Teile Deiner Persönlichkeit, die mit den neuen Einstellungen auch noch nicht klarkommen.

Gestatte Dir, Deinem Tempo entsprechend, harmonisch zu wachsen. Diese Art der Entwicklung ist sehr viel fundierter und umfassender, als die "in 30 Tagen zur Erleuchtung"-Methode.

Es kann durchaus sein, daß Du noch viele Erfahrungen aus dem Bereich des 1. Grades machen mußt und willst, wenn Du bereits den 2. Grad bekommen hast. Das ist vollkommen in Ordnung und normal. Der Reiki-Weg ist nicht hierarchisch, sondern holographisch organisiert. Es sind also in allen Graden im Prinzip alle Aspekte vorhanden, zwar jeweils mit anderen Schwerpunkten und aus anderen Perspektiven, aber Du hast die Freiheit, Erfahrungen dort zu sammeln, wo Du möchtest.

Es ist nicht notwendig erst alle Bereiche des 1. Grades durchzuarbeiten, um in den 2. Grad eingeweiht zu werden! Ebensowenig mußt Du die gesamten Erfahrungen im Bereich "Persönlichkeitsentwicklung", die Dir der 2. Grad ermöglicht, gemacht haben, um in den 3. Grad eingeweiht zu werden. Es gibt zwar bestimmte Voraussetzungen für den 3. Grad und sie werden im allgemeinen im Gegensatz zu den beiden ersten Graden auch in gewissem Sinne überprüft, bevor Du zum Meister eingeweiht wirst, aber die in den beiden letzten Kapiteln dargelegten Entwicklungsmöglichkeiten gehören nur zum Teil dazu.

Du kannst also auch als Reiki-Meister noch Deinen Teil im Bereich "Annehmen von Gefühlen" oder "Loslassen von Machtansprüchen" zu lernen haben und trotzden ein "guter" Meister sein. Doch mehr dazu im nächsten Kapitel über die Persönlichkeitsentwicklung, die durch den 3. Grad ausgelöst werden kann.

## Merksätze zum 2. Grad

Mach Dir immer wieder bewußt, welche Konsequenzen sich aus der Existenz der 2. Grad Fähigkeiten für Dein Weltbild ergeben. Lerne, Deine Werturteile und sonstigen Vorstellungen, wie die Welt zu sein hat, zu relativieren.

Ersetze die Begriffe "Gut" und "Schlecht" durch "Für mich zur Zeit sinnvoll!" und "Ich kann den Sinn für mich im Moment nicht erkennen!", wenn Du über etwas redest oder nachdenkst.

Alle Affirmationen, die Du Dir eingibst, um harmonischere Denkstrukturen zu bekommen, sind niemals perfekt, sondern allenfalls für Dich zur Zeit sinnvoller als die vorherigen.

Nimm den Kontakt zu Deinem Hohen Selbst und Deinem Inneren Kind ernst. Das eine kann der beste Lehrer für Dich sein, den Du je hattest, das andere der beste Spielkamerad und Freund.

Mach Dir immer wieder bewußt, daß Macht ohne Liebe, aber auch Liebe ohne Macht Tod bedeutet.

Mit allen Deinen Fähigkeiten kannst Du letztlich doch nur einen Menschen verändern – Dich!

Solange Du die äußere Welt verändern willst, ohne Deine Innere mindestens ebenso stark zu verändern, verhinderst Du jedes wirkliche Wachstum zum Licht.

Du bist gut und richtig, liebenswert und gesund. Du mußt es nur zulassen!

Niemand ist weiser als Du, wenn Du Deine Weisheit annimmst!

*Mit den Fähigkeiten des 3. Reiki-Grades kannst Du Dir helfen, Deine Aufgabe im großen Zusammenhang der Schöpfung zu sehen, sie lieben zu lernen und ihren tieferen Sinn zu verstehen.*

## 5. Kapitel

# Der 3. Reiki-Grad

## Warum will ein Mensch Reiki-Meister werden?

Da gibt es die unterschiedlichsten Erwartungen. Eine davon ist, dadurch heiliger zu werden, was Unsinn ist. Denn auch nach der Meistereinweihung ist ein Mensch mit Stärken und Schwächen immer noch ein Mensch mit Stärken und Schwächen.

Eine andere Erwartung ist, man bekäme die letzten Weisheiten vermittelt, was auch nicht stimmt. Jeder muß diese nach wie vor für sich selber suchen und finden. Wieder andere denken, es wäre ein schöner Beruf, nur an ein paar Wochenenden zu arbeiten und dabei haufenweise Geld zu verdienen. Außerdem könnte man dabei auch noch berühmt, geachtet und endlich geliebt werden. Auch diese Erwartung läßt sich nicht unbedingt verwirklichen. Wenn ein Mensch vorher Probleme mit Geld, Liebe und Selbstwertgefühl hatte, werden sie ihm auch als Reiki-Meister erhalten bleiben. Der einzige Unterschied wird sein, daß er seine Schwierigkeiten noch häufiger und stärker vor Augen geführt bekommt.

Tja, und eine letzte Erwartung ist die, etwas mehr über sich selbst zu lernen und mit diesen Erfahrungen auch anderen zu helfen, sich zu entdecken und lieben zu lernen. Dazwischen existieren alle Arten von Mischformen, soviele wie es Menschen gibt. Nur selten wirst Du jemanden treffen, der eine dieser Erwartungshaltungen in Reinkultur hat.

Gott-sei-Dank schreckt der hohe Preis von zur Zeit 20.000 DM plus Mehrwertsteuer die meisten, die zu oberflächliche Vorstellungen von dem Leben eines Reiki-Meisters haben, ab, den Schritt zu wagen und sich auf die Ausbildung einzulassen. Damit hast Du auch gleich eine Erklärung zur Höhe der Gegenleistung für die Meistereinweihung. Hawayo Takata nahm dafür

10.000 USD. Zu ihrer Zeit war dies eine gewaltige Summe, die in etwa dem Jahresverdienst eines mittleren Angestellten entsprach. Takata-Sensei sagte einmal, daß jemand, der Reiki-Meister werden wolle, bereit sein müsse, alles aufzugeben, was er besitzt. Ich glaube, sie meinte damit nicht, er müsse ihr alles geben, wenn er Meister werden wollte, sondern er solle seine Bereitschaft prüfen, allen Besitz, alle Verpflichtungen, alles, was er über die Welt zu wissen glaubt, zur Disposition zu stellen. Bereit zu sein, es loszulassen.

Eine Hand, die etwas festhält, kann nichts neues greifen, ein Becher, der schon voll ist, keine neue Flüssigkeit aufnehmen - das sind alte Weisheiten. Für einen Menschen, der Reiki-Meister werden möchte, haben sie besonders viel zu sagen. Die persönliche Entwicklung gerade während des 3. Grades steht und fällt mit der Bereitschaft, loslassen zu lernen. Dadurch erst wird es möglich für Gott, dem Hohen Selbst oder wie auch immer Du IHN nennen willst, zu helfen und anzuleiten.

Vor kurzem ist der Preis für den 3. Grad von der Reiki-Alliance für den deutschsprachigen Raum auf 20.000 DM angehoben worden. Die Zeiten haben sich geändert, daß Geld ist mehr geworden, der Dollar hat an Wert verloren und heute bedeutet die Summe von 10.000 USD, die von Takata für den Meistergrad festgesetzt war, zwar viel Geld, aber längst nicht mehr soviel, wie damals. Damit war die materielle Hürde herabgesetzt worden. Dies ist zum Teil durch diese neue Regelung wieder ausgeglichen. Nun, ich hoffe, daß mehr Bewußtsein bei den Menschen Einzug gehalten hat und dadurch die "Entwertung" vollständig ausgeglichen wird. Schön wär's ...!

Vielleicht fragst Du Dich jetzt, warum mir diese Angelegenheit so wichtig ist. Nun, ich habe in meiner Zeit als Meister gelernt, daß diese(r) Beruf(ung) nicht gerade leicht ist, daß sie mir und anderen unschätzbare Erfahrungen ermöglicht, und daß es sehr wichtig ist, mit beiden Beinen fest auf dem Boden der Realität zu stehen, wenn der Job darin besteht, die Energie des

Himmels weiterzugeben. Je mehr Illusionen und Erwartungen Du über die Auswirkungen der Meistereinweihung hast, umso schwerer wird es Dir fallen, wenn Du Meister bist, mit der neuen Realität klarzukommen.

Je unsicherer Du selber stehst, desto leichter wirst Du von den rasanten Entwicklungen ins Schwanken gebracht. Doch bevor wir näher auf dieses Thema eingehen, möchte ich Dir erzählen, wie die Ausbildung zum Reiki-Meister abläuft.

Wenn Du mit dem 2. Grad längere Zeit, meiner Ansicht nach mindestens ein Jahr, Erfahrungen gemacht und mit den Werkzeugen wirklich sicher umgehen gelernt hast, kannst Du Dich an einen Meister Deines Vertrauens wenden und ihn bitten, Dich für den 3. Grad auszubilden.

Natürlich kannst Du auch schon vorher ausprobieren, ob Dich jemand in die Ausbildung nimmt, aber überlege Dir in diesem Fall genau, ob Du Dich nicht selber damit über's Ohr haust. Zu jedem Grad gehört eine gewisse Zeit, während der Du Erfahrungen mit seinen Möglichkeiten sammeln solltest, um grundsätzlich mit den neuen Fähigkeiten und Deinen Reaktionen auf die bei der Reiki-Arbeit freiwerdenden Energien umgehen zu lernen.

Es reicht beileibe nicht aus, das, was bei Reiki über den Verstand erfaßbar ist, kennenzulernen. Sehr viel – meiner Ansicht nach das meiste – spielt sich im Bauch, im Bereich der Gefühle ab, wenn Du mit der Universellen Lebensenergie umgehst. Die Entwicklungen dort brauchen sehr viel länger, als die verstandesmäßig nachvollziehbaren Erfahrungen, um verarbeitet und wirklich ein neuer Bestandteil der Persönlichkeit zu werden.

Beim 1. Grad brauchst Du mindestens 2 bis 3 Monate und beim 2. Grad mindestens ein Jahr, um die Erfahrungen mit der jeweiligen Form der Reiki-Arbeit zu integrieren, vorausgesetzt, Du gehst regelmäßig und bewußt mit der Kraft um.

Doch angenommen, Du wirst schneller Meister, dann werden andere Menschen zu Dir kommen, damit Du sie einweihst und ihnen erklärst, wie sie mit der Universellen Lebensenergie umgehen können. Sie werden viele Fragen an Dich haben, die nur aus der praktischen Erfahrung heraus zu beantworten sind und nicht aus auswendiggelerntem Bücherwissen.

Zu Deinen Aufgaben wird es auch gehören, den Umgang mit den Symbolen und Mantren des 2. Grades zu erklären. Was machst Du, wenn Du mit diesen Dingen selber noch nicht umgehen und auf Fragen nicht eingehen kannst, weil Dir selber die praktische Erfahrung fehlt? Deinem ausbildenden Meister kannst Du vielleicht etwas vormachen, Deinen Schülern nicht!

Angenommen, Du hast Dich mit den Möglichkeiten der ersten beiden Grade ausreichend auseinandergesetzt und hast einige Erfahrungen gesammelt, wie geht es jetzt weiter? Überlege Dir, zu welchem Meister Du gehen möchtest. Diese Frage ist enorm wichtig. Du solltest ein gutes Gefühl für ihn haben. Das ist die Grundlage für Dein Vertrauen. Ohne ein festes Vertrauensverhältnis zu ihm kann er Dich nicht ausbilden.

Es wird immer wieder während der Ausbildung zum Reiki-Meister zu offenen oder verdeckten Spannungssituationen zwischen Euch kommen. Das gehört dazu. Ist das gefühlsmäßige Band zwischen Euch nicht stark genug, wirst Du im Falle einer starken Belastung dann entweder die Ausbildung bei diesem Meister abbrechen und Dich damit um eine ganz wichtige Lernerfahrung bringen oder aber, Du versuchst ihm etwas vorzuspielen und Deine wahren Gefühle zu verstecken, nach dem Motto: "In ein paar Monaten bin ich selber Meister und dann kann er mich mal... !"

Mit dieser Geisteshaltung wird die Ausbildung zu einer Farce. Vielleicht gelingt es Dir, wenn Du gut schauspielerst und Dein Meister aus irgendeinem Grund nicht so achtsam ist, ihn zu täuschen, aber damit betrügst Du auch Dich selber.

Die Einweihung zum Meister kann und soll Dir persönliche Lernerfahrungen nicht abnehmen! Solltest Du den Meister, von dem Du Dich ausbilden lassen willst, nicht kennen, empfiehlt es sich, ihn persönlich kennenzulernen, bevor Du Dich endgültig entscheidest, und auch mal ein oder zwei seiner Semimare als Gast zu besuchen. Spürst Du eine starke innere Verbundenheit zu ihm, ist er wahrscheinlich für Dich der Richtige.

Du mußt dabei nicht alles, was er tut, ganz toll finden. Wichtiger ist, daß Du ihn als Menschen akzeptieren kannst, auch wenn Du Ecken und Kanten an ihm bemerkst. Hast Du den richtigen Meister für Dich gefunden, und bist von ihm als Schüler akzeptiert worden, wirst Du bei vielen seiner Seminare als Gast oder auch Assistent mit dabei sein, um immer mehr in die Meisterenergie hineinzukommen.

Durch die Erfahrungen mit immer neuen Reiki-Gruppen und veränderten Rahmenbedingungen kannst Du lernen, was ein gutes Reiki-Seminar eigentlich ausmacht. Du wirst die Art Deines Reiki-Meisters Seminare abzuhalten und mit den Schülern umzugehen, immer besser wahrnehmen und Dir darüber klarwerden, was Du von ihm übernehmen willst und was Du anders machen möchtest. So findest Du mit der Zeit zu Deiner eigenen Vision von Reiki.

Diese Vision läßt sich ohne das lange Ausbildungsverhältnis mit Deinem Meister nicht finden. Es hilft also wenig, wenn Du Dir schon vorher feste Vorstellungen darüber machst und dann in die Ausbildung gehst. Erst der persönliche Kontakt mit Deinem Ausbilder kann diese, Deine Vision des Weges als Reiki-Meister wirklich entstehen lassen.

Während der Ausbildungszeit solltest Du auch Dein Verhältnis zu ganz grundsätzlichen Dingen, wie Geld, Liebe, Beziehung, Nähe, Macht, Neid, Gier und so weiter abklären. Es ist dabei überhaupt nicht erforderlich, damit völlig klarzukommen. Vielmehr ist es Deine Aufgabe, Dich kennenzulernen. Wahrzunehmen, womit Du umgehen kannst und womit Du Schwierigkeiten hast.

Vollkommenheit ist keine Voraussetzung für den 3. Grad. Wenn dem so wäre, gäbe es keine Reiki-Meister. Aber möglichst ehrlich solltest Du schon zu Dir sein. Diese Aufrichtigkeit kann

Dir später, wenn Du Meister bist, eine unschätzbare Hilfe sein.

Niemand ist sicherer unter Gottes Obhut, als derjenige, der seine Fehler offenlegen kann und zu ihnen steht, wenn es nötig ist. Ganz automatisch wirst Du während Deiner Lehrzeit irgendwann Deine Vater- oder Mutterbeziehung auf Deinen Meister projezieren. Auch dies ist wichtig und gerade jetzt wird sich erweisen, ob das Vertrauen zwischen Euch stark genug ist, um den nun anstehenden Lernprozeß möglich zu machen. Wie Du Dich an Deinen Eltern als Kind orientiert hast und alles, was sie sagten, als gut und richtig angenommen hast, wird es auch eine Zeit geben, in der Du die Beziehung zu Deinem Meister so gestaltest. Nach einiger Zeit wirst Du in das andere Extrem fallen. Plötzlich ist alles, was er tut Unsinn. "Wie kann ein Mensch nur so sein!", wirst Du vielleicht denken.

Jetzt bist Du in der Trotzphase. Auch das ist eine ganz normale und wichtige Entwicklung. Nun ist es wichtig, Freiraum für Dich zu haben und Dir Möglichkeiten zu schaffen, Dich von Deinem Ausbilder abzugrenzen, Dein eigenes "Ich" als Reiki-Meister zu finden. In dieser Zeit kommt es am häufigsten vor, daß ein Schüler die Ausbildung abbricht. Es kann durchaus zu einigen häßlichen Szenen zwischen Euch kommen, aber Dein Ausbilder wird Dir immer wieder die Tür öffnen, wenn Du zu ihm willst und Dich ansonsten Deinen Weg suchen lassen. Vielleicht wirfst Du ihm offen oder im geheimen vor, daß er ein unmöglicher Mensch ist und Dich nur aus Unverständnis oder Niedertracht noch nicht eingeweiht hat, wo Du doch längst reif zum Reiki-Meister bist, viel reifer als er sogar.

Nach einiger Zeit, es kann Wochen oder Monate dauern, wirst Du wieder klarer sehen. Du wirst erkennen, daß jeder Mensch anders ist und es sein gutes Recht ist, anders zu sein. Du wirst Deinen Meister so sein lassen können, wie er ist und damit zeigen, daß Du Dich in einem wichtigen Punkt angenommen hast: Du kannst jetzt zu Dir und Deinem eigenen Weg stehen! Diese Entwicklung ist das Fundament für die Energie der Einweihung, die nun in der nächsten Zeit ansteht. Wenn ihr beide, Du und Dein Meister, übereinstimmt, daß die Zeit reif ist für Deine Einweihung in den 3. Grad, werdet ihr gemeinsam eine Zeit von drei oder vier Tagen festlegen, während der dann das große Ereignis geschehen soll.

Bis es dahin kommt, kann und sollte allerdings mindestens ein Jahr vergehen. Vielleicht seid ihr nur zu zweit, vielleicht sind aber auch noch weitere 3. Grad-Schüler mit dabei, wenn ihr zu dem Meister-Seminar zusammenkommt. Es kann sein, daß einige Tage vorher noch ein Selbsterfahrungs-Seminar stattfindet, in dem noch Klärungen erreicht werden können. Manchmal merkt der eine oder andere noch im letzten Moment, daß die Zeit für ihn doch noch nicht da ist und reist vor dem eigentlichen Meister-Kurs ab. Diejenigen, die sich bereit fühlen und auch von dem Ausbilder so beurteilt werden, finden sich dann zusammen und bekommen meist gleich zu Anfang die Einweihung in den 3. Grad und das Meistersymbol.

Dann wird einige Tage lang intensiv gelernt. Es ist ja wichtig, die Rituale der Einweihungen in die Reiki-Grade auswendig zu können und auch alle Mantren und Symbole sicher zu beherrschen. Oft werden während dieses Kurses auch noch die Seminarabläufe der ersten beiden Grade durchgesprochen, um etwaige Unklarheiten zu beseitigen und die neuen Meister möglichst gut auf ihre Tätigkeit vorzubereiten. Jeder Absolvent dieses Kurses bekommt zum Abschluß von seinem ausbildenden Meister eine Urkunde, damit er nachweisen kann, daß er auf traditionelle Weise in den 3. Grad des Usui-Systems des Reiki eingeweiht und für die Tätigkeit als Meister ausgebildet wurde.

So – das war's dann! Nun kann es endlich losgehen.

# Die Wachstumsmöglichkeiten mit dem 3. Reiki-Grad

Nach dem Meister-Seminar wirst Du erst einmal bemerken, daß der Energieschub viel stärker war, als Du Dir jemals hättest träumen lassen. Du wirst wahrscheinlich so voller Energie sein, daß Du das Gefühl hast, ständig abzuheben. Aus diesem Grund ist es empfehlenswert, nach dem 3. Grad-Kurs einige Zeit Urlaub zu haben. Kümmere Dich viel um Dich, gewöhne Dich an die neue Qualität Deiner persönlichen Energie. Du wirst merken, daß alles irgendwie anders ist. Du hast phantastische Fähigkeiten geschenkt bekommen und kannst jederzeit eine feste Verbindung zu Gott für jeden, der es möchte, herstellen. Und trotzdem bist Du der geblieben, der Du warst. Kein Heiligenschein erleuchtet Dich, Dein Finger blutet nach wie vor, wenn Du Dich beim Salatputzen schneidest und Du bist nach wie vor nicht in der Lage, Antworten auf alle wichtigen und unwichtigen Fragen Deines Lebens aus dem Ärmel zu schütteln. Mit diesem (scheinbaren) Paradoxon wirst Du den Rest Deines Lebens verbringen. Gönne Dir die Zeit, Dich daran zu gewöhnen, bevor Du Kurse abhältst und Dich mit neuen Situationen auseinandersetzen mußt.

Als Reiki-Meister hast Du im wesentlichen "nur" eine Fähigkeit mehr im Werkzeugkasten, als jemand mit dem 2. Grad: Du kannst anderen eine dauerhafte Verbindung zur Quelle der Universalen Lebensenergie vermitteln und ihnen die Möglichkeit übertragen, auf die verschiedensten Arten damit umzugehen. Und damit ist auch schon ziehmlich klar, welche Perspektiven der persönlichen Entwicklung der 3. Grad bietet: Du mußt andere Menschen einweihen und ihnen zeigen, was sie mit der Reiki-Kraft machen können! Dabei wirst Du wachsen und Dich weiterentwickeln können.

Aus diesem Sachverhalt heraus halte ich nicht viel davon, Menschen in den 3. Grad einzuweihen, ohne ihnen das Wissen für alle Einweihungen und das Meister-Symbol zu übergeben. Es heißt zwar, dieser 3A Grad wäre für Menschen gedacht, die die Meisterenergie nur für ihre persönliche Entwicklung einsetzen wollen, doch gerade die wird im Grunde nicht gefördert, abgesehen von dem starken "Energiekick" der 3. Grad-Einweihung. Denn die Tätigkeit, für die der Meistergrad gedacht ist, kann ja nicht ausgeübt werden. Doch dies ist, wie alles in diesem Buch, meine persönliche Ansicht und muß nicht auch für Dich zutreffend sein. Mach Dir Deine eigenen Gedanken dazu, und finde Deinen Standpunkt. Das ist wichtiger, als meine Meinung zu übernehmen.

## Die Seminare

Als Meister wirst Du die Kurse des 1. und 2. Grades aus einer ganz anderen Perspektive heraus erleben. Plötzlich bist Du derjenige, der gefragt wird, derjenige, der das Seminar letztlich trägt und gestaltet. An Deinem Beispiel orientieren sich die Schüler in Bezug auf ihren Umgang mit Reiki und auch in vielen anderen Aspekten ihres Lebens. Du wirst bei jedem Seminar die Gegenwart und Hilfe Gottes und der aufgestiegenen Meister fühlen und die gewaltige Energie kanalisieren, die notwendig ist, um einen Menschen zum Reiki-Kanal zu machen. Der ständige intensive Kontakt mit der himmlischen Kraft wird Dein Leben mindestens ebenso stark verändern, wie das einmalige Erlebnis der Meister-Einweihung. Nach jedem Seminar wirst Du wie auf Wolken schweben oder auch sehr "down" sein, weil es viel Unangenehmes für Dich zu lernen gab.

Vielleicht wirst Du in den nächsten Monaten auch ein paar Kilo an Gewicht zunehmen, weil diese Pfunde nötig sind, um Dich zu erden, bis Du andere Möglichkeiten dafür erlernt hast. Natürlich ist es auch möglich, daß gar keine oder nur wenige Teilnehmer zu Deinen Kursen kommen. Was machst Du dann?

Hast Du das Geld vielleicht schon eingeplant, weil Du einen Kredit für die Meistereinweihung aufgenommen hast? Hast Du womöglich bereits gekündigt, weil Du meintest, Du brauchst jetzt keinen "normalen" Beruf mehr? So kann Dir Dein Hohes Selbst zeigen, daß Dein Verhältnis zu Beziehungen, zu materiellen Dingen, wie Geld oder anderen grundsätzlichen Strukturen noch weiterer Klärung bedarf.

Setz Dich daran und suche Dir einen guten Therapeuten, falls Du noch keinen hast, um Dir neue Wege zu erschließen. Arbeite mit den Methoden des 1. und des 2. Grades, um die nötigen Wachstumsprozesse zu unterstützen. Dies ist eine ausgezeichnete Gelegenheit, zu Dir zu kommen. Schieb nicht den anderen die Schuld zu, sondern bleib bei Dir und Du wirst merken, daß plötzlich dort Wege sind, wo vorher nur undurchdringlicher Urwald war. Dann werden auch Deine Kurse besser besucht sein. Wenn Du innerlich hinter dem stehen kannst, was Du nach außen zeigst, können auch andere Dir vertrauen und sich an Dich wenden.

Dieser Entwicklungsschritt gehört auch zum 3. Grad. Nicht alle erleben ihn so dramatisch, aber irgendwann muß jeder herausfinden, welches sein Weg ist. Die Orientierung dazu sollte während der 3. Grad-Ausbildung vorgenommen werden. Die Feinabstimmung auf den eigenen Weg dauert nach der Meistereinweihung dann den Rest des Lebens an. Durch den ständigen intensiven Kontakt mit Reiki wird jeder Meister immer wieder zum Lebendigsein angeregt. Je mehr Du Dich gegen diese Entwicklung wehrst, desto härter wird es für Dich. Je stärker Du Deine persönlichen Machtansprüche losläßt, desto schöner und harmonischer entwickelt sich Dein Leben.

Um diese Machtansprüche, um Liebe, Nähe und Geld kreisen auch erst einmal Deine Lernsituationen, wenn Deine Kurse voll werden. Als ich mit meiner Tätigkeit als Reiki-Meister begann und auch gleich recht viele Schüler bekam, hatte ich innerhalb von 10 Tagen 2 Autounfälle. Und das passierte mir, der ich viele

Jahre bis zu 100.000 km im Jahr unfallfrei zurückgelegt hatte! Ich rutschte jedesmal im 20 km/h Tempo aus unerfindlichen Gründen in einen anderen Wagen hinein. Da in beiden Fällen Versicherungen mit hohen Selbstbeteiligungen bestanden, mußte ich eine ganze Menge Geld bezahlen – in etwa das, was ich bei den vorherigen Seminaren verdient hatte. Später verstand ich dann, was die Ursache dieser ärgerlichen Vorfälle war: Ich konnte zwar gut mit der Beziehung zu den Schülern umgehen, aber ich konnte mir noch nicht gestatten, den Energieaustausch, das Geld, für meine Leistung anzunehmen.

Das soll nur ein Beispiel für die Dinge sein, die auf Dich so zukommen können. Es ist also sehr wichtig, feinfühlig zu werden, um Deinen Weg und die Lernerfahrungen, die zur Zeit für Dich anliegen, rechtzeitig zu erspüren. Merkst Du früh genug, was los ist, kannst Du Deine Entwicklung selbst in die Hand nehmen und Dein Hohes Selbst ist nicht gezwungen, Dir einen Wink mit dem Zaunpfahl zu geben.

## Deine Schüler – Deine Spiegel

Alle Menschen, die zu Dir kommen, um in einen Reiki-Grad eingeweiht zu werden, haben eine Botschaft für Dich. Nein, nicht das, was sie sagen, sondern einen Wesenszug, eine Eigenart oder eine Frage, die sie an Dich stellen.

Jeder Deiner Schüler spiegelt Dir während eines Reiki-Seminares einen Teil Deiner Persönlichkeit wieder, den Du bei Dir noch nicht wirklich annehmen und lieben gelernt hast. Je aufmerksamer Du mit Deinen Schülern umgehst, je ernster Du sie nimmst, desto eher wird sich Dir diese Botschaft erschließen. Phyllis Lei Furumoto, die derzeitige Großmeisterin der Reiki-Alliance, hat den Satz geprägt: "Ich danke Dir, daß Du mein Lehrer bist!" Dieser Satz bezieht sich auf ihre Schüler. Versuche, mit einer ähnlichen Einstellung die Beziehung zu Deinen Schülern zu leben, und sie werden phantastische und liebevolle Lehrer für Dich sein.

Ein Thema, daß ich noch beleuchten möchte, ist der Umgang mit Macht. Jeder Reiki-Meister hat eine Menge davon. Ich meine nicht die Macht, andere Leute zum Reiki-Kanal einzuweihen, die ist nur geborgt, sie wird im Grunde von Gott ausgeübt. Nein, es geht um die Macht, Leithammel, Vorbild, Guru oder etwas ähnliches für andere Menschen zu sein, die es gerne so haben möchten, und die die Funktion "Reiki-Meister", die göttlich und vollkommen ist, mit der Persönlichkeit verwechseln, die menschlich und genauso unvollkommen ist, wie die der anderen auch.

Die Versuchung ist groß, sich auf dieses Spiel einzulassen, und es gehört wohl dazu, es eine Weile zu versuchen. Die Realität wird Dich früher oder später (eher früher) aber wieder auf den Boden der Menschlichkeit herunterholen. Allerdings kann die Landung sehr viel weicher sein, wenn Du Dich rechtzeitig für dieses Problem sensibilisiert hast. Meine Lösung für diese Machtgeschichte ist, gleich zu Beginn eines jeden Seminars meine Unfehlbarkeit in Frage zu stellen, unübersehbar und bei möglichst vielen Gelegenheiten. Außerdem bemühe ich mich, bei allem persönlichen Einsatz für meinen Standpunkt, meine Ansichten auch als persönliche Wertung und nicht als ewige Weisheit zu deklarieren. Und trotzdem falle ich immer wieder darauf herein, wenn mir nur jemand geschickt genug eine Gelegenheit bietet. Nur die Landung ist eben weicher und mittlerweile kann ich auch schon manchmal über meine "Unbelehrbarkeit" lachen.

Besonders gut tut es, wenn ich wieder einmal während eines Seminars so richtig drin hänge, wenn meine Frau Manu mich in die Arme nimmt, und etwas, wie: "Nun komm mal wieder runter zu uns", sagt. Unten bei den anderen ist es eigentlich auch viel schöner auf die Dauer. Die besten Helfer auf Deinem Weg als Meister können Deine Schüler, Deine Freunde und Deine Bekannten sein. Hilfreich sind gerade die Freunde, die nichts mit der Esoterik "am Hut haben" und Dich deswegen nicht mit von der

*Als Reiki-Meister wirst Du immer wieder mit Deinem Spiegelbild konfrontiert ...*

*... und kannst Dich so lieben lernen und ganz werden.*

Einweihung verklärten Augen sehen. Oder die, die ihre Einweihungen schon eine Weile hinter sich und dadurch etwas mehr Abstand zu Dir bekommen haben. Mit Abstand meine ich nicht weniger Liebe, die wächst meist mit der Zeit, sondern Abstand dazu, Deine Sicht der Welt kommentarlos zu übernehmen.

Ich hoffe, Dir helfen diese kurzen Szenen aus meinen Wachstumserfahrungen weiter.

Ich glaube mittlerweile, daß die wesentlichen Dinge, die ein Mensch lernen muß, für alle gleich sind. Jeder sucht sich nur andere Wege und Zeiten aus, sie kennenzulernen.

## Die Reiki-Arbeit für Dich

Ich mußte erst lernen, mich an die Arbeit an Wochenenden und Abenden zu gewöhnen und mir meine Freizeit zu anderen Gelegenheiten zu nehmen und zu gönnen. Diese Zeit für Dich ist besonders wichtig nach einem Seminar. Du brauchst einige Zeit, um die Erfahrungen zu verdauen und Dir alles bewußt zu machen, was an für Dich wichtigen Dingen während des Kurses passiert ist. Auch das Loslösen von Ansprüchen und Fragen der Schüler ist wichtig. Du bist jetzt wieder Du selbst und solltest Dein eigenes Leben leben. In diesen freien Stunden sollte auch Zeit für eine Fortsetzung der Reiki-Arbeit für Dich selbst sein. Gerade im 3. Grad ist es wichtig, auch außerhalb der Kurse intensiv mit Reiki umzugehen, und sich mit den Techniken des 2. Grades, zum Beispiel mit seinem Inneren Kind oder seinem Hohen Selbst auszutauschen. Die Steigerung der eigenen Sensibilität und immer wieder neue Erfahrungen durch den Umgang mit Reiki, können für Dich, aber auch für Deine Schüler ein unschätzbarer Gewinn sein. Je mehr Du in der Lage bist, Energien wahrzunehmen und ihre Qualität zu unterscheiden, desto besser kannst Du auf die Fragen, die hinter den Fragen Deiner Schüler stehen, eingehen und so auch das Spiegelbild besser erkennen, daß sie für

Dich bereit halten. Ich möchte jetzt nichts weiter zu diesem Thema schreiben, denn viele Fragen zum 3. Grad lassen sich, mehr noch als im 2. Grad, eigentlich nur im persönlichen Gerspräch klären.

Sinn dieses Kapitels soll es sein, bei den Menschen, die in den 1. oder 2. Grad eingeweiht sind, mehr Verständnis über den Weg des Reiki-Meisters zu schaffen und zu helfen, falsche Erwartungen zu vermeiden. Wenn Du noch nicht Meister bist, aber mit dem Gedanken spielst, diesen schönen Weg zu gehen, dann kann dieses Kapitel Dir eine erste Orientierung bieten. Wie alles in diesem Buch, ist aber auch diese Darstellung der Ausbildung und des Weges eines Reiki-Meisters das, was ich darüber weiß und denke. Sprich deswegen auf jeden Fall noch einmal mit einem oder mehreren anderen Reiki-Meistern über den 3. Grad, wenn Du überlegst, diesen Weg zu gehen.

Ich freue mich auf eine Zukunft, in der es in jedem Ort einen Reiki-Meister gibt. Dann würde dieser schöne Zugang zu der Universellen Lebensenergie Teil unseres Alltags und für viele Menschen leichter zugänglich sein.

Es gibt heute (1990) zwar fast 200 Reiki-Meister in Deutschland, der Schweiz und Österreich, aber was ist das schon bei einer Bevölkerungszahl von über 100 Millionen Menschen? Vielleicht magst Du ja auch daran mitarbeiten, den Menschen hier auf der Erde die Energie des Himmels in die Hände zu legen. Dann zögere nicht, den Weg zu gehen. Es würde mich sehr freuen, Dich auf dem nächsten Meistertreffen zu sehen.

## Zusammenfassung

Der Sinn des 3. Grades ist es, Dein Spirituelles Selbst zu klären und zu entwickeln. Im Klartext: Deinen Platz in der Schöpfung, Dein Verhältnis zu Gott und die Kraft seiner Liebe zu verstehen und zu erfahren.

# Nachsatz

Es taucht immer wieder bei vielen Menschen die Frage auf, ob Reiki-Meister nicht eine Heilpraktikerzulassung oder ein Arztdiplom haben sollten, da sie ja anderen beibringen, sich zu heilen. Meiner Meinung ist dies nicht unbedingt notwendig. Sicher ist es schon nützlich für einen Reiki-Meister, grundsätzliche anatomische, physiologische und pathologische Kenntnisse zu haben. Mehr als ein gutes Allgemeinwissen ist aber nicht notwendig.

Reiki ist strenggenommen weniger eine Heilungsmethode im medizinischen Sinne, als eine Methode zur Entwicklung der Persönlichkeit auf allen Ebenen. Eine der "Nebenwirkungen" ist dabei, daß sich körperliche Symptome auflösen, wenn der betreffende Mensch aus den ihnen zugrundeliegenden psychischen Strukturen herauswächst. Tauchen in den Seminaren Fragen der Teilnehmer zu speziellen medizinischen Problemen auf, ist es nicht erforderlich, diese zu beantworten.

Erstens darf niemand, der nicht Heilpraktiker oder Arzt ist, Diagnosen stellen noch Therapien verordnen, und zweitens wäre es auch nicht sehr verantwortungsbewußt, aus der hohlen Hand Ratschläge zu erteilen. Besser ist es in so einem Fall, die Adresse eines guten Spezialisten weiterzugeben, der sich um besondere medizinische Probleme kümmern kann und darf. Ein Reiki-Seminar soll im Wesentlichen nur das für jeden ohne große Probleme anwendbare Wissen um die Übertragung der Universellen Lebensenergie vermitteln und nicht eine Privatsprechstunde ersetzen. Für diese Ausbildung ist ein Reiki-Meister immer befähigt, das andere kann, aber muß nicht sein.

*Reiki soll erst einmal für Dich da sein, wenn Du Kanal geworden bist.
Nur wenn dann noch Zeit übrig ist, behandle Freunde und Verwandte.*

# 6. Kapitel

# Und weitere Grade?

Wie zum Schluß des letzten Kapitels angedeutet, gibt es auch andere Vorstellungen vom Weg des Reiki-Meisters. Eine davon wird von der T.R.T.A.I. vertreten, der Reiki-Meisterorganisationen, die von der Großmeisterin Dr. Barbara Webber-Ray geleitet wird (siehe auch 1. Kapitel, Abschnitt "Die Reiki-Geschichte"). Da die T.R.T.A.I. neben der Reiki-Alliance zu den größten Vereinigungen von Reiki-Meistern zählt, möchte ich den von ihr vertretenen Ansatz kurz darstellen. Diese Organisation hat einen festen Ausbildungsplan für die Meisteranwärter und weiht seit etwa 1985 in weitere 4 Grade, insgesamt also 7, ein. Frau Webber-Ray gab zu dieser Zeit bekannt, daß sie als einzige von Takata-Sensei weitere Symbole, Mantren und die Methoden, nach denen diese angewandt werden können, übermittelt bekommen hätte. Es gibt zu diesen Symbolen die unterschiedlichsten Gerüchte, die neben der offiziellen Version zu hören sind. Mir war es nicht möglich, zu klären, was nun stimmt, deswegen lasse ich den Sachverhalt so stehen, wie er von der T.R.T.A.I. dargestellt wird.

Tatsache ist, daß es neben einer Reiki-Version mit 3 Graden, auch eine mit 7 Graden gibt. Leider kann ich darüber nichts weiter schreiben, da mir die Erfahrung mit den anderen, von der T.R.T.A.I. gelehrten Graden, fehlt.

Wenn Du Dich dafür interessierst, wird Dir aber sicher gerne einer der dort ausgebildeten Meister etwas darüber erzählen. Ich habe viele Reiki-Freunde, die bei einem Meister der T.R.T.A.I. in den 1. oder 2. Grad eingeweiht wurden. Wir kommen prächtig miteinander aus und geben uns oft gegenseitig Reiki. Ich habe nie bemerkt, daß in einem der Grade etwas grundsätzlich anders ist als sonst und somit mache ich mir wenig Gedanken darüber.

# Ein 4. Grad

Ich selber lehre und vertrete den Reiki-Weg der 3 Grade. Trotzdem bin ich auch davon überzeugt, daß der 3. Grad nicht den "einweihungsmäßigen" Endpunkt der Entwicklung auf dem Reiki-Weg darstellt. Wenn ein Meister einen anderen zum Meister einweiht, geht er durch diesen Prozeß, da er ja Kanal für die Universelle Lebensenergie ist, automatisch mit einer neuen Energiequalität um. Meiner Ansicht nach, ist dieser Vorgang durchaus mit einer Einweihung, die er selber bekommt, vergleichbar. Früher wurde dieser Grad "Großmeister" genannt, als es nur einen Reiki-Meister gab, der andere in den 3. Grad einweihte. Seitdem Phyllis L. Furumoto vor einigen Jahren diese Möglichkeit für alle Reiki-Meister freigab, die schon einige Erfahrung mit dem 3. Grad hatten, steht ein "4. Grad" im Grunde allen Meistern offen, die sich darauf einlassen möchten und einige Zeit mit dem 3. Grad gearbeitet haben. Die wesentlichen Lernprozesse dieses Grades betreffen wohl die Standfestigkeit in Bezug auf den eigenen Weg, da es ja zur Meisterausbildung gehört, daß sich der Schüler an seinem Lehrer reibt.

Ist der Lehrer nicht standfest und läßt sich durch die Fragen und Reaktionen seines Schülers zu sehr verunsichern, kann er auf die Dauer nicht andere für den 3. Grad ausbilden, er würde sonst taumeln, wie ein Blatt im Winde. Läßt er sich nicht verunsichern, kann er nicht lernen, was es für ihn zu lernen gibt. Ein ständiger Balanceakt also, dieser "4. Grad". Andererseits auch eine wunderschöne Chance, sich selbst zu verwirklichen und auch anderen dazu zu verhelfen.

Ein guter Vergleich für die zur 3. Grad-Ausbildung erforderlichen Charaktereigenschaften scheint mir eine Bambuspflanze zu sein. Sie ist sehr stark, kann sich dabei aber biegen, wenn der Druck zu groß wird und federt wieder zurück, wenn er nachläßt. Ihre Hülle und ihre Wurzeln sind fest, doch ihr Inneres ist leer. So kann sie bei aller Struktur immer noch gut Dinge in sich aufnehmen und gegebenenfalls weiterleiten. Sie ist gut geerdet und dennoch leicht. Ihr Wachstum ist kraftvoll und gerade, obwohl sie sensibel im Winde schwanken kann. Neben den beschriebenen charakterlichen Eigenschaften, muß ein Meister, der andere ausbilden will, natürlich viel Erfahrung mit Reiki-Anwendungen und selber schon eine Menge Seminare zum 1. und 2. Grad gegeben haben. Ein gutes esoterisches Allgemeinwissen und entsprechende persönliche Erfahrungen gehören gewiß ebenso dazu, wie zumindest grundsätzliche Kenntnisse über Aufbau und Funktion des menschlichen Körpers.

Ein sehr wichtiger Punkt ist auch das liebe Geld (schon wieder!). Ein Reiki-Meister, der mit dem materiellen Bereich noch nicht klarkommt, also in bestimmten Beziehungen nicht geerdet ist, kann schlecht einem anderen diese Erfahrungen vermitteln. Ist er zum Beispiel nicht in der Lage, seine Kurse zu füllen, kann er andere kaum lehren, mit dieser Seite der Reiki-Meister Arbeit umzugehen. Versucht er trotzdem, andere im 3. Grad auszubilden, kann es schnell zu Reibereien um Teilnehmer kommen, wenn sein Schüler selber Meister geworden ist.

Was vielleicht noch wichtiger ist: wenn der ausbildende Meister Geldprobleme hat, kann er schnell in Versuchung geraten, einen Schüler einzuweihen, obwohl dieser noch gar nicht so weit ist. Das kann für dessen spätere Meistertätigkeit große Schwierigkeiten nach sich ziehen. Darüber hinaus ist es ein schlechtes Beispiel, das weitere disharmonische Auswirkungen auf andere Menschen in Bezug auf ihren Umgang mit Reiki haben kann. Es kann dadurch der Gedanke entstehen, daß das Geld nur für den ausbildenden Meister wichtig ist, was nicht stimmt. Aus dieser Haltung heraus liegt der Schluß nahe, zu versuchen, möglichst billig an die 3. Grad-Einweihung zu kommen und damit am Sinn dieser Prüfung vorbeizugehen.

So ein Weg zum Reiki-Meister ist dann nicht nur materiell zu billig.

Du meinst jetzt vielleicht, über solche banalen Probleme

wären Reiki-Meister doch erhaben – aber warum sollten sie. Auch ein in den 3. Grad Eingeweihter bleibt ein Mensch!

Weil die Ausbildung von Meistern schon einiges an Standfestigkeit und eine Menge persönliche Erfahrungen mit Reiki voraussetzt, sollte sich jeder Meister nach seiner eigenen Initiation in den 3. Grad etwa drei Jahre Zeit lassen, bevor er andere einweiht. So kann er lernen, mit der Meisterenergie, den Seminaren und den Fragen der Schüler umzugehen, ohne sich gleich auf das Abenteuer "Meistereinweihung" einzulassen. Zeit ist ein ganz wichtiger Faktor für die persönliche Entwicklung – auch im 3. Grad. Reiki ist zwar sofort da, wenn ein Mensch eingeweiht wird, aber die körperlich-geistige Struktur braucht eine gewisse Zeit, um sich auf die neue Schwingung einzulassen und sich dann neu zu orientieren.

Tja – und das ist dann der ganze Reiki-Weg, Jedenfalls, der Teil, den ich davon sehe und kennengelernt habe. Einige Aspekte habe ich ziehmlich eingehend geschildert, weil ich glaube, daß dies wichtig ist. Andere, wie zum Beispiel dieses Kapitel sind kürzer. Einmal, weil es zur Zeit nicht so viele Menschen gibt, die wirklich praktische Erfahrungen mit dem 3. und dem "4." Grad sammeln, andererseits, weil gerade dieser Teil des Reiki-Weges so viele individuelle Variationen hat, daß sich unglaublich viel und zugleich gar nichts darüber schreiben läßt. Ich hoffe, Du hast bis jetzt eine Menge Anregungen für Dich gefunden und siehst vor Deinem Inneren Auge den möglichen Selbstfindungsweg mit Reiki etwas klarer.

Um Dir noch einmal den gesamten Weg der 3. bzw. 4. Grade in einem kurzen Überblick zu zeigen, und so den roten Faden etwas sichtbarer zu machen, habe ich das abschließende Kapitel geschrieben. Du brauchst nur umzublättern.

# 7. Kapitel

# Nochmals:
# Reiki als Selbstfindungsweg

Reiki, der Weg der heilenden Liebe, liegt jetzt etwas klarer vor Dir. In den letzten Kapiteln sind sehr viele Einzelheiten zu den Graden, ihren Entwicklungsmöglichkeiten und den Fähigkeiten, die sie beinhalten, dargestellt worden. Vielleicht schwirrt Dir jetzt der Kopf von all den vielen Informationen und den dadurch (hoffentlich) in Dir ausgelösten Fragen.

Um den roten Faden, der sich durch die verschiedenen Grade zieht, noch einmal klarer sichtbar werden zu lassen, will ich jetzt die wesentlichen Punkte im Zusammenhang darstellen, die der Reiki-Weg beinhaltet.

## Die Grade

Reiki-Kanal wirst Du durch die Einweihungen in den 1. Grad, die von einem traditionell ausgebildeten Reiki-Meister vorgenommen werden müssen. Im Usui-System des Reiki gibt es drei Grade: Den 1. Grad, in dem die grundsätzlichen Fähigkeiten zur Kanalisierung der Universellen Lebensenergie sowie bestimmte automatische Schutzeinrichtungen vor ungewollter persönlicher Energieübertragung durch den Reiki-Kanal und Reiki-Empfänger vermittelt werden. Die einmal verliehenen Fähigkeiten sind für immer Bestandteil der Persönlichkeit des Eingeweihten. Es gibt keine Möglichkeit, diese Fähigkeiten wieder zu verlieren oder künstlich zu entfernen. Der 2. Grad erweitert und ergänzt das im 1. Grad erlangte Können um die "Werkzeuge" Kraftverstärkung, Fernenergieübertragung, Fernkommunikation und Mentalheilung. Zur Anwendung dieser Methoden sind eine Einweihung und bestimmte Symbole und Mantren sowie das Wissen um ihre richtige Anwendung nötig. Der 3. Grad ist der Meistergrad. Die dazu nötige Einweihung und ein spezielles Meistersymbol und -mantra sowie bestimmte Rituale befähigen zur Öffnung aller Lebewesen als Reiki-Kanal. Ein Reiki-Meister kann grundsätzlich in alle 3 Grade einweihen. Weiht ein Reiki-Meister einen anderen Menschen in den 3. Grad ein, vollzieht sich bei ihm selbst ein weiterer einweihungsähnlicher Prozeß. Einmal gegebene Einweihungen lassen sich nie mehr rückgängig machen. Reiki schränkt in keiner Hinsicht die Entscheidungsfreiheit des Individuums ein.

## Reiki als Selbstfindungsweg

Reiki kann ähnlich wie Zen, Yoga, Tai Chi Chuan und andere Methoden zur Persönlichkeitsentwicklung ein spiritueller Selbstfindungsweg sein. Die Entscheidung dazu muß jeder allein treffen. Wird Reiki "nur" als ganzheitliche Heilungstechnik ohne gedankliche Auseinandersetzung mit dem eigenen persönlichen Wachstum angewendet, bleiben die Heilungsprozesse im wesentlichen auf die körperliche Ebene beschränkt. Erst der eigene Wille zum Wachstum und die Lenkung der Aufmerksamkeit auf persönliche Problemstrukturen lösen im Zusammenhang mit regelmäßigem Kontakt zu der Universellen Lebensenergie geistige und spirituelle Entwicklungsprozesse aus. Diese Entwicklungsprozesse laufen im allgemeinen nach einem bestimmten Schema (siehe Chakrenmodell, S. 161) und in einem bestimmten Rhythmus ab.

# Wie Reiki das persönliche Wachstum anregt

Reiki ist eine unpolare Energie. Die Essenz dieser Kraft ist Liebe. Die durch Reiki ausgelösten Prozesse bewegen sich immer in Richtung Einheit und Harmonie, was nicht bedeuten muß, daß Einheit und Harmonie sich sofort nach einer Reiki-Sitzung einstellen. Es bleibt jedem Menschen überlassen, Einheit und Harmonie anzunehmen oder sich auch dagegen zu wehren, was Leidensempfindungen verursachen kann, bis die bewußt gewordene Energie wieder neu verdrängt oder abgespalten worden ist. Wird die Kraft der Liebe angenommen, bewirkt der regelmäßige Kontakt zu der Universellen Lebensenergie Entspannung, löst auf allen Ebenen Entgiftungsprozesse aus und füllt dann den Menschen mit klarer himmlischer Energie an. Die Lenkung der Aufmerksamkeit auf die Überwindung von persönlichen Problemstrukturen bewirkt ferner im Zusammenhang mit Reiki eine Ausrichtung des Lebens im Rahmen der Kosmischen Ordnung (spirituelles Wachstum). Jeder Grad bietet dazu weitere Möglichkeiten, setzt neue Schwerpunkte und läßt den Menschen seine Entwicklung jedesmal aus einer anderen Perspektive heraus in Angriff nehmen, ohne dabei die Arbeit an den Schwerpunkten der vorherigen Grade unmöglich zu machen. Ein Grad baut auf den Fähigkeiten des vorherigen auf, macht diesen dadurch aber nicht überflüssig.

## Wahrheit – Liebe – Erkenntnis

Drei Stufen durchläuft die Persönlichkeitsentwicklung in jedem Grad, aber auch in jeder Teilentwicklung eines Charakterzuges für sich: Wahrheit, Liebe und Erkenntnis. Durch den Prozeß der Entspannung können bisher unterdrückte Energien bewußt werden - ein Mensch lernt mehr über sich. Er sieht sich ein Stück mehr von dem wie er wirklich ist (Wahrheit). Diese Wahrheit muß ihm nicht gefallen. Er kann diesen Teil seiner selbst sogar hassen. Um weiter zu wachsen, muß er aber lernen, ihn zu lieben, den Sinn dieses Persönlichkeitsanteiles zu verstehen und ihn anzunehmen. Durch diesen Prozeß des liebenden, verständnisvollen Annehmens wird eine Schwäche in eine Stärke verwandelt. Eine Entgiftung hat stattgefunden. Der Mensch hat mehr Licht in sich hinein gelassen (Liebe). Die Persönlichkeit des Menschen ist vollständiger geworden. Dadurch kann er seine Aufgabe in diesem Leben auch besser erfüllen, da ihm eine größere Palette an Möglichkeiten zur Verfügung steht. Er sieht ein Stück klarer in welcher Beziehung er zum Rest des Universums steht und kann dann seine Talente in die Lebensprozesse der Gesamtheit einbringen. Dieser Prozeß bewirkt in ihm ein tiefgreifendes Verständnis seiner Selbst (Erkenntnis) und damit eine Transformation auf eine höhere Schwingungsebene.

## Der persönliche Einsatz

Um mit der Reiki-Kraft zu wachsen, ist es notwendig, den regelmäßigen Kontakt zu ihr herzustellen. Das ist durch Behandlungen und durch die Einweihungen in einen Reiki-Grad möglich. Dieser Kontakt stellt die für die Wachstumsprozesse nötige Energiemenge und -qualität zur Verfügung. Wie, wo und in welchem Umfang diese tatsächlich Entwicklungen einleitet, bestimmt der Empfänger, da Reiki nicht gegen den tiefempfundenen Wunsch eines Lebewesens Wirkungen in ihm auslösen kann. Für diesen Wunsch ist weniger der bewußte Wille, sondern eher die Ausrichtung der Aufmerksamkeit auf bestimmte Problembereiche notwendig.

Je mehr sich ein Mensch mit seinen Unzulänglichkeiten beschäftigt und dabei den Wunsch hat, aus ihnen herauszuwachsen, desto mehr wird der regelmäßige Kontakt mit der Universellen Lebensenergie in ihm in Bewegung setzen.

## Das Lustprinzip und die harmonische Entwicklung

Wird der Kontakt zu Reiki immer gesucht, wenn Lust dazu vorhanden ist und wird er nicht aufgenommen, wenn eine gefühlsmäßige Abneigung dagegen besteht, wird die Entwicklung harmonisch erfolgen. Wenn die Reiki-Sitzungen zur Pflicht gemacht werden, stellen sich Trotz- und Verweigerungsreaktionen ein, die irgendwann die weitere Entwicklung ernsthaft behindern werden. Diese Reaktionen werden durch das Innere Kind bewirkt. Durch die liebevolle Auseinandersetzung mit seinen Ängsten läßt sich eine Auflösung der Verweigerungshaltung erreichen, die ein Selbstschutz vor der Begegnung mit unerwünschten Gefühlsenergien ist. Statt Disziplin ist also liebevolle Bewußtseinsarbeit notwendig, um Hindernisse auf dem Weg zu überwinden. Werden Persönlichkeitsanteile und Gefühlsenergien durch die Reiki-Arbeit befreit, kann dieser Prozeß durchaus als belastend empfunden werden. Um wieder Lust auf weitere Entwicklungsprozesse zu bekommen, sind Zeit, die Auseinandersetzung mit dem Sinn der bewußtgewordenen Anteile, und wenn das nicht ausreicht, das Sammeln von Erfahrungen mit den neu entdeckten Seiten des Charakters in einem geschützten und dafür geeigneten Umfeld notwendig (Selbsterfahrungsgruppe oder ähnliches).

## Reiki und Bewußtwerdungsprozesse

Alle bei der Reikiarbeit auftauchenden "neuen" Gefühle, Bewußtseinszustände und Körpersymptome gehörten auch vor der Sitzung schon zu der behandelten Person, waren aber beispielsweise durch Verdrängung, Projektion oder Abspaltung nicht unbedingt offensichtlich. Der Kontakt mit Reiki kann also keine wirklich neuen Energien und Strukturen hervorrufen, sondern nur latent vorhandene bewußt werden lassen. Es liegt dann in der Entscheidungsfreiheit des Einzelnen, wie er weiter mit den neuen Anteilen seiner Persönlichkeit umgeht, ob er lernen will, sie zu integrieren oder neue Wege der Verdrängung sucht. Methoden der Psychotherapie oder die Arbeit in einer Selbsterfahrungsgruppe können neben anderem sehr bei der Integrationsarbeit helfen.

## Ergänzende Methoden zur Öffnung für Reiki

Um dem Inneren Kind die Öffnung für Reiki zu erleichtern, bietet sich an, ihm Gelegenheit zum Spielen und zur Befriedigung seiner Neugier zu geben, wann immer es möglich ist. Statt verbissener Selbstfindungsdisziplin sollten lustbetonte und wechselnde Beschäftigungen mit dem Körper und dem Geist in den Vordergrund gestellt werden. Statt ständig dieselben Körperübungen zu machen, können neue, allein oder besser in einer Gruppe, ausprobiert werden. Feiern, Tanzen und Lachen sind einige der wirkungsvollsten Übungen, dem Inneren Kind den Sinn des Wachstums zur Lebendigkeit begreiflich zu machen und seine Lust zu wecken. Wenn das Innere Kind keine Lust am Wachstum hat, findet auch in der Gesamtpersönlichkeit eines Menschen keine wirkliche Entwicklung statt!

Alle spirituellen Wege können den Reiki-Weg bereichern und die Entwicklung auf ihm beschleunigen. Reiki schließt alles ein; es verstärkt und ergänzt auch andere Selbstfindungsmethoden. Es kennt keine Grenzen und behindert keine anderen Energien, da seine Qualität unpolar ist.

## Der Sinn der Grade

Im Gegensatz zu anderen Methoden der Persönlichkeitsentwicklung steht bei dem Reiki-Weg der Kontakt zur Energie und die Nutzung von Methoden mit ihr umzugehen, immer am Anfang eines Wegabschnittes. Ein Tai Chi Schüler muß zum Beispiel viele Jahre intensiv üben, um mit Ki wirklich umgehen und seine Wirkungen erleben zu können. Er lernt in dieser Zeit viel über sich und die Welt und durchläuft dabei viele Entwicklungsprozesse. Ein Reiki-Schüler besucht ein Wochenendseminar und kann dann bereits erfolgreich mit Reiki arbeiten. Sein Wachstumsprozeß beginnt jetzt erst. Ähnlich sieht es mit dem 2. Grad und im wesentlichen auch mit dem 3. Grad aus. Wir erhalten eine Fähigkeit, die uns dann weiteres Lernen ermöglicht. Der Reiki-Weg ist nicht hierarchisch, wie zum Beispiel der Tai-Chi Weg, sondern eher holographisch. Von jedem Standpunkt heraus ist im Prinzip jede persönliche Entwicklung möglich, wobei die höheren Grade, mit ihren erweiterten Möglichkeiten mit Reiki umzugehen, viele Wachstumsprozesse erleichtern. Ein Reiki-Grad sagt also streng genommen nichts über die persönliche Reife des Eingeweihten aus, da es jedem selbst überlassen bleibt, ob, wie und mit welcher Geschwindigkeit er wächst. Der Reiki-Grad sagt nur etwas über die Möglichkeiten zur Kanalisierung der Reiki-Kraft aus. Das System der Grade bietet damit allen Menschen mit ihren verschiedenen Persönlichkeitsstrukturen einen Platz, von dem aus sie Erfahrungen mit Lebendigkeit, Liebe und Entwicklung machen können, ohne in ihrer persönlichen Entscheidungsfreiheit eingeengt zu werden.

# Die Art und die Geschwindigkeit des persönlichen Wachstums

Zu Beginn der Arbeit mit einem Reiki-Grad finden meist die schnellsten geistig-seelischen Entwicklungen statt. Später ist dann mehr persönlicher Einsatz nötig, der in Form von Lenkung der Aufmerksamkeit stattfinden muß, um weitere Prozesse in Gang zu bringen. Dieses Phänomen erklärt sich aus dem Pyramidenmodell der persönlichen Strukturen. Ganz oben gibt es einige Problemstrukturen, die schon lange im Brennpunkt der Aufmerksamkeit stehen, auch wenn diese Aufmerksamkeit nicht immer bewußt gelenkt wird. Zu ihrer Auflösung fehlt es oft nur an Lebensenergie. Durch eine Einweihung in einen Reiki-Grad oder intensive Reiki-Sitzungen wird diese Energie bereitgestellt. Sehr schnell finden daraufhin die Entwicklungsprozesse statt, auf die Körper, Geist und Seele des Betreffenden schon längere Zeit vorbereitet waren, die aber aus Energiemangel nicht selbst in Gang gesetzt werden konnten. Die darunterliegenden Schichten unserer Persönlichkeit müssen dann wieder soweit auf eine Auflösung vorbereitet werden, daß ein erneuter Energieschub sie abtragen kann. Diese Vorbereitung kann sich durch Bewußtseinsarbeit, Lenkung der Aufmerksamkeit, aber auch durch Leidensdruck vollziehen. In den ersten beiden Fällen spielt sich eine tiefergehende Auflösung der Problemfelder im Allgemeinen recht harmonisch ab, in dem letzteren kann es zu sehr herausfordernden Situationen kommen. Hier liegt der tiefere Sinn einer bewußten Lebensführung. Sie erleichtert ganzheitliche Heilungsreaktionen. Vollzieht sich so nach und nach ein immer tiefergehender Heilungsprozeß der Gesamtpersönlichkeit, werden die Problemstrukturen immer subtiler. Immer mehr Sensibilität ist nötig, um die Aufmerksamkeit auf sie zu lenken, die durch den persönlichen Wachstumsprozeß aber auch gleichzeitig gefährdet wird.

# Die Stufen des Wachstums

Die wechselnden Themen der Problembereiche lassen sich durch das Chakrenmodell erklären. Zuerst werden die das Überleben betreffenden Schwierigkeiten in einem Bereich geklärt (1. Chakra), dann die der Lebensfreude (2. Chakra), der Macht (3. Chakra), der Liebe (4. Chakra), der Selbstdarstellung (5. Chakra) und zum Schluß, die die Erkenntnis des eigenen Weges betreffende Selbstverwirklichung im Rahmen des Kosmischen Planes (6. Chakra). Daß heißt: Bevor Du beginnst, Kathedralen zu bauen, mußt Du erst einmal mauern lernen.

Zwei Themen, die auf einer energetischen Ebene liegen, bilden dabei eine Struktur mit unterschiedlichen Polaritäten (Yin und Yang). Ein Thema wird dabei eher akzeptiert, das andere eher abgelehnt. Der sich zwischen diesen Polen entwickelnde Spannungszustand löst den Wachstumsdruck aus, der irgendwann zur Vereinigung der Gegensätze auf einer höheren Ebene führt. Die zueinander gehörenden Paare sind in der Reihenfolge der Entwicklung: Überleben/Lebensfreude; Lebensfreude/Überleben; Macht/Liebe; Liebe/Macht; Selbstausdruck/Erkenntnis des eigenen Weges im kosmischen Zusammenhang; Erkentnis des eigenen Weges im kosmischen Zusammenhang/Selbstausdruck. Der jeweils erstgenannte Begriff eines Paares ist der, den wir eher akzeptieren, der an zweiter Stelle genannte, der, den wir eher ablehnen.

Ist ein solcher Themen-Zyklus in Bezug auf eine Problemstruktur durchlaufen, beginnt er bei der nächsten Problemstruktur von neuem, nur auf einer höheren Ebene. Die Entwicklung findet dabei in Form einer Doppel-Spirale (Gegensatzpaare) statt, so daß ein Thema, das "weiter unten" schon mal an der Reihe war, irgendwann später auf einer höheren Stufe erneut wieder aufgenommen wird.

Dieser Wachstumsprozeß setzt sich bis in alle Ewigkeit und auf allen Existenzebenen fort. Das ist Leben. Reiki regt durch seine die Einheit fördernde Eigenschaft die Vereinigung eines Gegensatzpaares auf einer jeweils höheren Entwicklungsebene an. Die Lenkung der Energie auf ein Gegensatzpaar findet durch Aufmerksamkeit statt.

Ein Beispiel zu diesem Wachstumsmodell: Ein Mensch, der 12 Stunden am Tag arbeiten muß, um seinen Lebensunterhalt gerade so zu verdienen (1. Chakra), wird sehr sauer, wenn sein Sprößling den ganzen Tag nicht arbeitet, mit Freunden feiert, ins Kino geht, Zeit mit seiner Freundin verbringt usw. (2. Chakra). Der junge Mann wiederum fühlt sich von der ewigen Plackerei seines Vaters, seiner einsilbigen und eintönigen Art, den anstrengenden Alltag zu beschreiben, genervt und mag sich überhaupt nicht mit diesem Lebensaspekt beschäftigen.

Dieses kleine Beispiel beinhaltet zwei aufeinander folgende Spannungsmuster zu Beginn eines Wachstumszyklus. Wenn Du magst, überlege, wo in Deinem Leben solche Spannungen auftauchen, wann sie sich auflösen und welche neuen Muster dann entstehen.

# Erleuchtungssituationen

Eine sogenannte Erleuchtung findet immer dann statt, wenn es gelingt, sich in einen wirklich absichtslosen Zustand zu versetzen. Dann befindet man sich für einen Moment außerhalb dieser Wachstumsspirale mit ihren entwicklungsfördernden Spannungen. Man trachtet in diesem Augenblick nicht nach der Auflösung der Gegensätze, weil man sich auf einen geistigen Standpunkt begeben hat, auf dem Entwicklungen nicht möglich sind. Dort ist wirkliche Einheit, da alle Energien hier zusammen sind, im Gegensatz zur scheinbaren Einheit, wenn ein Mensch einen Entwicklungsschritt durch die Vereinigung eines Gegensatzpaares vollzogen hat. Hier herrscht Einheit nur in Bezug auf diese beiden Energien.

Durch den ständigen Wachstumsprozeß, in dem wir uns befinden, ist die nächste Polarität aber schon sozusagen "vorausprogrammiert", der Mensch befindet sich immer noch auf der Entwicklungsspirale. Erleuchtung kann also aus jeder Lebenssituation, von jeder Entwicklungsstufe heraus, erreicht werden. Sie stellt nicht die Endstufe einer Entwicklung, sondern die Aufhebung aller Wachstumsprozesse für eine kurze Zeit dar. Ein Erleuchtungszustand begünstigt spätere Entwicklungsprozesse, die nach der geistigen Rückkehr auf die Spirale wieder aufgenommen werden, da durch das bewußte Erleben der Einheit ein anderer, gelösterer Umgang mit durch Gegensätze hervorgerufenen Spannungssituationen bewirkt wird.

Die Vereinigung der Gegensätze wird durch die einmal erlebte Betrachtung der Spirale von Außen erleichtert. Es ist dann alles mehr ein spannendes Spiel, als blutiger Ernst, wenn Du einmal hinter die Theaterkulissen geschaut hast und weißt, daß alle Bühnenaufbauten nur Pappmaché und alle Waffen nur aus Weichgummi sind.

## Reiki und Erleuchtung

Durch die Eigenschaft der Einheit ist die Reiki-Kraft im Grunde "Erleuchtungsenergie". Für Menschen, die sich dafür bewußt oder unbewußt geöffnet haben, kann die intensive Berührung mit Reiki während einer Einweihung oder einer längeren Behandlung ein Erleuchtungserlebnis beinhalten. Der häufige bewußte und erwartungsfreie Kontakt mit Reiki fördert deshalb allgemein die Entwicklung und den gelösteren, freieren Umgang mit allen Lebenssituationen. Spannungen werden so schneller und leichter aufgelöst, Entwicklungsschritte spielerischer vollzogen.

# Nachtrag

Dieses Kapitel ist nicht unbedingt ganz einfach nachzuvollziehen. Falls Du das eine oder andere nicht gleich verstehen kannst, laß die Informationen und Denkanstöße einfach eine Weile wirken und lies sie dann nochmals. Suche Beispiele aus Deinem Leben, um Dir den Zugang zu diesem Thema zu erleichtern. Ich habe mich nach besten Kräften bemüht, daß Thema kurz und verständlich abzuhandeln, aber die Natur der Sache kann einige Verständigungsschwierigkeiten mit sich bringen. Dieses Kapitel ist zwar sehr theoretisch, es kann aber, wenn Du Dich eingehend damit beschäftigst, enorme Auswirkungen auf Deine Lebensgestaltung und Deinen Umgang mit Reiki haben. Probier's aus!

# Anhang I

## Kurze Einführung in die Chakrenlehre

Kenntnisse der Chakrenlehre können Dir helfen, Dich, Dein Leben und Deine Entwicklung besser zu verstehen und damit harmonischer umzugehen. Deswegen will ich jetzt kurz erklären, was Chakren sind und welche Funktionen sie haben.

Wenn Dir diese "Stippvisite zu den Chakren" zu kurz ist, lies im "Chakra-Handbuch" von Bodo J. Baginski/Shalila Sharamon und in meinem "Reiki-Handbuch", beide im Windpferd-Verlag erschienen, nach. Da findest Du noch mehr Informationen zu der energetischen Struktur des Menschen.

## Was sind Chakren?

Ein Chakra (Sanskrit: Rad) ist ein Körperenergiezentrum, das auf der körperlichen, der geistigen und der seelischen Ebene bestimmte Lebensprozesse organisiert. Hellsichtige sehen ein Chakra als ein vielfarbiges, rotierendes Rad.

In meiner Version der Chakrenlehre (es gibt viele andere) arbeite ich mit 6 Hauptchakren und einem 7., dem Transformationschakra. Auf die ebenfalls vorhandenen Nebenchakren möchte ich in diesem Zusammenhang nicht weiter eingehen. Jedes Chakra ist mit bestimmten Organen, Sinnesfunktionen, Körperteilen und Stoffwechselprozessen verbunden. Gleichzeitig steht es für jeweils ein Thema des persönlichen Wachstums.

# Lage und Aufgaben der Hauptchakren

Die körperliche Lage der Chakren kannst Du der nebenstehenden Abbildung entnehmen. Von unten nach oben sind ihre Bezeichnungen und ihr Aufgabengebiet:

1. Wurzel-Chakra (Thema: Überleben, Flucht, Arterhaltung, Kampf; Organe: Knochen, Nägel, Zähne, Nebennieren, Beine, alles Feste im Körper)

2. Sexual-Chakra (Thema: Lebensfreude, Nähe, Beziehung, Lust; Organe: Urogenitalsystem, Nieren, Haut, Arme, alles Flüssige im Körper)

3. Solarplexus-Chakra (Thema: Macht, Dominanz, Angst, Karma, Trennung; Organe: Verdauungssystem, Leber, Solarplexus, vegetatives Nervensystem, Gelenke, Spannungszustand der Muskulatur, Energiestoffwechsel, Entgiftungsvorgänge über Ausscheidung/Abkapselung)

4. Herz-Chakra (Thema: Liebe, Einheit; Organe: Herz, Teile der Bauchspeicheldrüse, Thymusdrüse, Entgiftungsvorgänge über Einlagerung im Fettdepot, Entspannungszustand der Muskulatur)

5. Hals-Chakra (Thema: Selbstausdruck, Individualität, Kommunikation; Organe: Hals, Nacken, Lunge, Schilddrüse; Ausgleich zwischen körperlichem und geistigem Wachstum)

6. Stirn-Chakra (Thema: Erkenntnis des eigenen Weges im kosmischen Zusammenhang; Organe: Ohren, Nase, Augen, Hypophyse)

7. Scheitel-Chakra (Thema: kosmisches Bewußtsein, Transformation; Organe: Epiphyse)

Das 7. Chakra entwickelt sich meinen Erfahrungen nach nicht allein, wie die anderen Chakren, sondern nur, wenn Blockaden in anderen Chakren aufgelöst worden sind. Jedesmal, wenn sich ein Mensch etwas mehr lieben lernt, kommt er Gott ein Stück näher. Dadurch wird auch im 7. Chakra ein Entwicklungsprozeß ausgelöst. (Entfaltung des 1000-blättrigen Lotos)

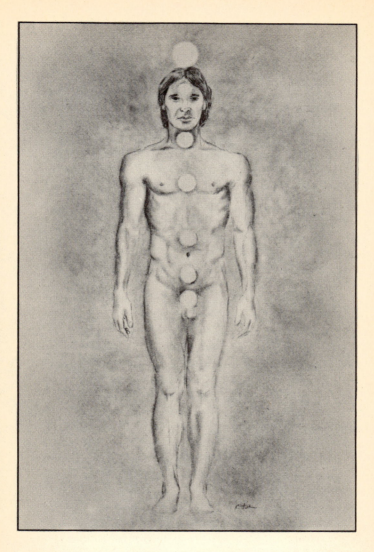

*Die sieben Hauptenergiezentren (Chakren) des Menschen*

Die Chakren 1 - 6 sind auf vielfältige Art und Weise miteinander verbunden. Zwei dieser Verbindungen möchte ich hier kurz darstellen.

### 1. Die "harte" und die "weiche" Sequenz:

Die Chakren 1, 3, und 5 sind ihrem Charakter nach aggressiv, dynamisch, eben hart. Ihr übergreifendes Thema ist "Absondern".

Die Chakren 2, 4 und 6 sind ihrer Eigenart nach rezeptiv, passiv, eben weich. Ihr übergreifendes Thema ist "Vereinen".

Eine Blockade in einem harten Chakra wirkt sich meist auch auf die weiter oben liegenden harten Chakren aus, dasselbe gilt für die weichen.

### 2. Die drei Ebenen "Erde-Mensch-Himmel":

Die Chakren 1 und 2 lassen sich der Ebene "Erde" zuordnen. Ihre Aufgaben liegen in den grundsätzlichsten, existentiellsten Bereichen, die eine Verkörperung hier auf der Erde erst möglich machen.

Die Chakren 3 und 4 lassen sich der Ebene "Mensch" zuordnen. Hier spielen sich die grundlegenden Themen des speziell menschlichen Lebens ab.

Die Chakren 5 und 6 lassen sich der Ebene "Himmel" zuordnen. Hier finden die grundlegenden spirituellen Wachstumsprozesse statt, die den Menschen mit der göttlichen Ebene, der Ebene der Einheit, in Kontakt bringen können.

Eine Ebene baut auf der anderen auf. Wenn die Ebene "Erde" nicht akzeptiert und geliebt wird, kann es keine Entwicklung auf der Ebene "Mensch" geben. Wenn die Ebene "Mensch" nicht akzeptiert wird, kann es keine Entwicklung auf der Ebene "Himmel" geben. Wenn die Ebene "Himmel" nicht akzeptiert und geliebt wird, kann es keinen Kontakt mit Gott geben.

Chakren lassen sich also nicht "wegentwickeln". Agression/Überleben, Sexualität/Lebensfreude und Macht/Dominanz haben auch im spirituellen Wachstum ihren Platz und machen es in gewisser Beziehung überhaupt erst möglich.

## Die "Öffnung" der Chakren

Unter "Öffnung" der Chakren als Ziel der persönlichen Evolution wird oft verstanden, daß die Chakren wirklich ständig offen sein sollen. Der Zustand ständig geöffneter Chakren kann aber sehr disharmonische Auswirkungen haben. Mit Öffnung gemeint ist vielmehr, daß durch die Auflösung von Blockaden den Chakren die Möglichkeit gegeben wird, sich weiter zu öffnen (mehr Energien zu empfangen und zu senden) und sich weiter zu schließen (weniger Energien herein- und herauszulassen)

## Die Energiekörper und ihre Beziehungen zum Chakrensystem

Neben den Chakren besteht der feinstoffliche Anteil eines Menschen auch noch aus Energiekörpern, die alle Chakren berühren und bestimmte Ebenen der Gesamtpersönlichkeit organisieren (siehe Abbildung). Hellsichtige sehen diese energetischen Körper als Aura um den materiellen Körper. Es sind dies:
**a)** Der Ätherkörper, er wird bei jeder Inkarnation neu gebildet und beinhaltet die körperliche Struktur eines Menschen, seine Lebenskraft, seine Empfindungs- und Aktionsfähigkeit auf den feinstofflichen Ebenen (außersinnliche Wahrnehmungen und Magie). **b)** Der Emotionalkörper, er beinhaltet unsere Gefühle und Instinkte. Auf ihm bilden sich auch nicht gelebte Gefühlsenergien in Form von Blockaden ab. **c)** Der Mentalkörper, er beinhaltet alle logischen Denkprozesse, die bewußten und unbewußten. Reflexe und Werturteile, Moralvorstellungen und Dogmen haben hier ihre "Spielwiese". Die Wahrnehmungen der körperlichen Sinne fließen hier ein und werden verwertet. **d)** Der Spirituelle Körper, ist die Ebene eines Menschen, die Gott am nächsten ist. Über diesen Körper ist jedes Einzelwesen mit allen anderen Teilen der Schöpfung verbunden.

# Anhang II

## Adressen

Mir sind zur Zeit zwei Reiki-Organisationen bekannt, die in größerem Maßstab die Möglichkeiten des 2. Reiki-Grades zur Heilung der Umwelt und zur Unterstützung anderer Mitmenschen nutzen. Wenn Dich diese Anwendungen und die Arbeit in einer größeren Gemeinschaft von Reiki-Freunden interessieren oder wenn Du Reiki-Übertragungen brauchst, nimm doch mal Kontakt zu den beiden Organisationen auf:

Reiki-Hilfsring, c/o Hans-Jürgen Regge, Scheideholzweg 67 A, D-2000 Hamburg 92. Tel. 040/70 24 57

Reiki Outreach International, Deutsches Zentrum, Postfach 1180, D-8213 Aschau im Chiemgau

Beide Organisationen sind nicht-kommerziell. Spenden werden aber gerne angenommen, da daraus die Tätigkeit finanziert wird.

Eine ständig aktualisierte Liste mit Reiki-Meistern in Deiner Nähe versendet der Verlag gegen Einsendung eines frankierten und adressierten Rückumschlages (Ausland: internationalen Antwortschein beilegen).

Windpferd Verlag<br>
"Reiki – Weg des Herzens"<br>
Postfach, D-8955 Aitrang

### *Seminare zu den Themen des Buches*

Das Reiki-Do Institut, c/o Manu & Walter Lübeck, Liebigstr. 20, D-3000 Hannover 1, führt regelmäßig Seminare zu den Themen "Reiki als Selbstfindungsweg (Reiki-Do)", dem 1. und 2. Reiki-Grad, I Ging Orakelarbeit, Pendeln und Geldtraining, durch. Wir senden Dir gern ausführliche Informationen zu.

# Kommentierte Bibliographie

Bücher können keinen menschlichen Kontakt ersetzen. Sie können Dir auch nicht abnehmen, Erfahrungen zu machen. Aber Du kannst Dir viele Anregungen aus ihnen holen und mit ihrer Hilfe Deine eigenen Erfahrungen besser verstehen. Manchmal kann ein gutes Buch auch der Auslöser für eine Änderung des gesamten Lebens sein. Für mich war dies das I Ging. Vielleicht hast Du auch eine ähnliche Erfahrung gemacht. Die folgenden Literaturempfehlungen sollen Dir helfen, bestimmte Themen, die in diesem Buch angeschnitten worden sind, zu vertiefen oder auch andere Ansichten dazu kennenzulernen. Auch diese Texte können Dir kein endgültiges Wissen vermitteln, sondern Dir wieder nur ein weiterer Stein zu dem großen Mosaik sein, das Du Zeit Deines Lebens zusammensetzt.

*"Atlas der Anatomie"*, Buch und Zeit Verlagsgesellschaft Köln, ISBN 3-8166-9643-0. Eine leichtverständliche Einführung in das menschliche Innenleben. Es ist oft ganz nützlich zu wissen, wo welches Organ liegt und was es eigentlich so den ganzen Tag tut. Sehr interessant für die Arbeit mit dem 1. Grad.

*"Das Chakra-Handbuch"* von Bodo J. Baginski und Shalila Sharamon, Windpferd Verlag, Reihe Schangrila, ISBN 3-89385-038-4. Das umfassendste und am besten recherchierte Buch über Chakren, das ich kenne. Viele Informationen über die Hauptchakren, Diagnose- und Therapievorschläge und, wie immer bei den Büchern der beiden, ein tolles Bezugsquellenverzeichnis.

*"Das Aura-Heilbuch"* von Walter Lübeck, Windpfrd Verlag, ISBN 3-89385-082-1. Ein Buch, mit dem man die Aura lesen und deuten lernen kann. Es enthält Übungen, um Energiefelder schwarz-weiß und farbig sehen zu lernen; die Erkenntnissse können zur ganzheitlichen Heilung eingesetzt werden.

*"Das Reiki-Handbuch"* von Walter Lübeck, Windpferd Verlag, Praktische Anwendungen von Reiki mit vielen Übungen, ausführlichem Nachschlageteil, vielen Hintergrundinformationen. Ein Handbuch für Reiki-Therapeuten und Arbeitsgrundlage für Anfänger.

*"Denker des Ostens"* von Idries Shah, rororo Sachbuch, ISBN 3-499-18452-4. Eine Sammlung von Sufi-Geschichten, die Dir helfen können, die Scheuklappen abzunehmen und die Welt ein Stück mehr so zu sehen, wie sie wirklich ist.

*"Der feinstoffliche Körper"*, J. Mann/L. Short, Windpfrd Verlag, ISBN 3-89385-072-4. Eine umfassende Darstellung des menschlichen Energiesystems in den verschiedenen Traditionen (Buddhismus, Hinduismus, Taoismus u.a.). Sehr interessant und lesenswert!

*"Der Gebrauch des Selbst"* von F.M. Alexander, Kösel-Verlag, ISBN 3-466-34205-8. Die Alexander-Technik ist eine ganzheitliche Harmonisierungsmehthode, die im wesentlichen über die Kopfhaltung arbeitet, aber den ganzen Menschen berührt und ihm den freien Zugang zu harmonischem Gebrauch von Körper und Geist wiederfinden hilft.

*"Der Geist in der Münze"* von Ralph Tegtmeier, Goldmann, ISBN 3-442-11820-4. Viele Menschen, gerade die mit spirituellen Interessen, haben Schwierigkeiten, Geld positiv gegenüberzustehen. Dieses Buch räumt mit Vorurteilen über Geld auf und zeigt die Zusammenhänge zwischen spiritueller Entwicklung und liebevollem Umgang mit den Moneten.

*"Der Weg und die Kraft"* Laotse - ewige Weisheiten (Tao Te King) in Form gebracht von R.L. Wing. Knaur Esoterik, ISBN 3-426-26303-3. Eine Menge lebensnaher Philosophie, die hilft, mit den täglichen Anforderungen sinnvoll umzugehen. Ein Buch, das auch als Orakel verwendbar ist.

*"Danke für diesen Tag!"* Affirmationen - kreative Gedanken von Helmut G. Sieczka, Oesch Verlag, ISBN 3-85833-020-5. In diesem kleinen Büchlein steht viel Wissenswertes zu dem Thema Affirmationen. Empfehlenswert sind dazu sechs Affirmationskartensätze: "Liebevolle Beziehungen", " Sich selbst bewußt sein", "Du bist liebenswert", "Atem-Spiritualität-Frieden", "Arbeit-Wohlstand-Kreativität" und "Heilende Gedanken" alle im Oesch-Verlag erschienen. Sehr nützlich für die intuitive Auswahl von Affirmationen für Mentalbehandlungen mit dem 2. Grad.

*"Drehbuch für die Meisterschaft im Leben"* von Ron Smo-

thermon, Context Verlag, ISBN 3-926257-00-8. Eine Anleitung, die uns zeigt, wie wir uns vom Müll alter Vorurteile befreien können.

*"Eifersucht - Die dunkle Seite der Liebe"* von Nancy Friday, Deutscher Taschenbuch Verlag, ISBN-3-423-11020-1. Eifersucht, Neid, Mißgunst sehen und liebevoll in die Persönlichkeit integrieren lernen.

*"Einbruch in die Freiheit"* von Jiddu Krishnamurti, Ullstein Sachbuch. ISBN 3-548-34103-9. Ein wichtiges Buch zum Thema Freiheit. Freiheit von etwas oder für etwas? Was hindert Dich, frei zu sein? Wie wirst Du frei?

*"Die Erde ist ein lebendes Wesen"* von Hans-Jürgen Regge, Reimer Verlag. Die deutsche Ausgabe ist zu beziehen bei: H.J. Regge, Scheidholzweg 67 A, 2000 Hamburg 92. Tel.: 040/7024573. Eine gelungene Synthese von Umweltschutzgedankengut und spirituellem Weltverständnis. Es macht den alten Lehrsatz "Wie Innen, so Außen" verständlich, indem es die Ursachen der Umweltschäden in unserem gestörten Seelenleben aufzeigt. Das Buch ist eindrucksvoll illustriert.

*"Die Gans ist raus"* von Bhagwan Shree Rajneesh, Rajneesh Service GmbH, ISBN 3-9800883-4-0. Bhagwan räumt radikal mit den alten Bärten der Autoritätsgläubigkeit, der Heiligkeit und der spirituellen Dogmen auf. Besonders wertvoll für den 2. Grad.

*"Die Kraft aus der Mitte des Herzens"*, P.Horan/B.Ziegler, Windpferd Verlag. Hier geht es um die Ganzwerdung der Gefühle. Mit Hilfe vieler Übungen läßt sich das eigene und das Rollenverhalten anderer erkennen und Wege aus eingefahrenen Reaktionsabläufen finden, also der Bereich der Gefühle harmonisieren und befreien.

*"Geheimes Wissen hinter Wundern"* von Max F. Long, Bauer Verlag, ISBN 3-7626-0067-8. Eines der beiden grundlegenden Werke über Kahuna-Magie. Besonders interessant für Dich, wenn Du in den 2. oder 3. Grad eingeweiht bist.

*"Die Goldene Regel"* das Gesetz der Fülle, von K.O. Schmidt, Drei Eichen Verlag, ISBN 3-7699-0441-9. Wichtigstes zum Thema Geld, Besitz und spirituelles Wachstum.

*"Grundformen der Angst"* von Fritz Riemann, Ernst Reinhardt Verlag München, ISBN 3-497-00749-8. Die grundlegenden Strukturen von Ängsten werden hier allgemeinverständlich erklärt und ihre Ursachen aufgezeigt. Wichtig für die Reiki-Arbeit am Solarplexus-Chakra und das Wachstum des Inneren Kindes.

*"Heilende Kraft der Emotionen"* von Dr. John Diamond, VAK Verlag, ISBN 3-924077-02-9. Eine verständliche Erklärung der seelisch-geistigen Aufgaben der Meridiane; dazu Tests, um Blockaden darin aufzufinden und viele Vorschläge diese zu beseitigen. Hilft bei der Reiki-Arbeit bes. beim 1. und 2. Grad.

*"Die heilende Wissenschaft"* von Jnanavatar Swami Sri Yukteswar Giri, Otto Wilhelm Barth Verlag. Ein von Mahavatar Babadschi (dem echten!) in Auftrag gegebenes Buch, das die Einheit der Religionen aufzeigen soll. Sehr interessant, wenn Du den Stamm suchst, von dem aus die vielen Äste gewachsen sind.

*"I Ging - das Buch der Wandlungen"*, herausgegeben von Richard Wilhelm, erschienen im Diederichs Verlag, ISBN 3-424-00061-2. Orakel- und Weisheitsbuch aus dem alten China. Mindestens 4000 Jahre alt und mit seinen Ratschlägen noch genauso aktuell wie in der Steinzeit. Es behauptet, auf alle vernünftigen Fragen eine sinnvolle Antwort geben zu können und nach meiner Erfahrung stimmt das auch. Es hilft Dir, die Welt und ihre Gesetze zu verstehen.

*"Innere Brücken"* von Fritz Fredrick Smith, Transform-Verlag, ISBN 3-926692-13-8. Eine gelungene Synthese des westlichen Anatomieverständnisses und der östlichen Chakren- und Akupunkturlehre. Wichtig für die Arbeit mit dem 1. Grad.

*"Kahuna-Magie"* von F. Long, Bauer Verlag, ISBN 3-7626-0655-2. Wichtiges zur Arbeit mit dem Niederen Selbst (Inneres Kind) und dem Hohen Selbst.

*"Karma - Die Chance des Lebens"* von Angelika Hoefler, Windpferd Reihe Schangrila, ISBN 3-89385-065-1. Ein ausgezeichnetes Buch, welches endlich darauf hinweist, daß Karma nicht unabdingbar ist. Eine Chance über das Leben nachzudenken, mitzuarbeiten und so das Leben bewußt selbst zu gestalten.

*"Körperbewußtsein"* von Ken Dychtwald, Synthesis Verlag,

Grundlegendes über Zusammenhänge von Körper, Geist und Seele, Wichtig zum Verständnis körperlicher Symptome. Besonders interessant für die Arbeit mit den 1. Reiki-Grad.

*"Körper, Selbst und Seele"* von Jack Lee Rosenberg. Trans Form Verlag, ISBN 3-926692-12-X. Umfassende Informationen über moderne, ganzheitliche Psychotherapie und Körperarbeit. Eröffnet dir Verständnis vieler körperlich-seelischer Probleme und zeigt Lösungsmöglichkeiten auf.

*"Der Körper lügt nicht"* von Dr. John Diamond, VAK Verlag, ISBN 3-924077-002. Einführung in die Kinesiologie. Einfache Testmöglichkeiten der Lebenskraft (Armtest) in Bezug auf Medikamente, Organe, Gefühle usw. Sehr empfehlenswert.

*"Die Metamorphische Methode"* von Gaston Saint-Pierre und Debbie Boater, Plejaden Verlag, ISBN 3-88419-018-0. Die metamorphische Methode ist eine phantastische Ergänzung zu Reiki. Die geistigen Einstellungen zu Krankheit und Heilung sind praktisch identisch. Für unsere Reiki-Arbeit können wir aus diesem kleinen Buch viel lernen.

*"Männer lassen lieben"* Die Sucht nach der Frau, von Wilfried Wieck, Kreuz Verlag, ISBN 3-7831-0880-2. Ein Buch, das Männern zeigt mit welchen Machtspielen sie arbeiten. Eine Therapie des Mannes durch die Frau wird aufgezeigt.

*"Das Mann/Frau Buch"* von Ron Smothermond, Context Verlag, ISBN 3-926257-01-6. Was sind die Ursachen von Beziehungsproblemen und wie lassen sie sich auflösen.

*"Ohne Höhe, Ohne Tiefe"* die Lee(h)rformeln des Zen-Meisters Tofu Roshi von Susan Ichi Su Moon, Bauer Verlag, ISBN 3-7626-0377-4. Unter der Oberfläche einer Satire auf die Esoterik-Szene versteckt sich ein tiefgründiges Werk mit vielen Denkanstößen. Es gehört einiges an Mut dazu, sich auf den Ernst der Sache einzulassen.

*"Orakel"* 50 Techniken der Schicksalsbefragung von Bettina Tegtmeier, Heyne Verlag, ISBN 3-453-04244-1. Eine gelungene Zusammenstellung von Wahrsagetechniken. Kurz und knapp, aber trotzdem mit sehr viel Wissen um die Hintergründe und praktische Verwertbarkeit geschrieben.

*"Das Organe Buch"* die Meditationstechniken von Osho, Osho Verlag, ISBN 3-925205-36-5. Hier kannst Du Dir Anregungen für den Umgang mit Deinem spirituellen Wachstum holen. Wie immer bei Osho geht es gleich an's Eingemachte. Gut für die Arbeit mit dem 1. Grad.

*"Pendeln"* von Anton Stangl, Econ Ratgeber, ISBN 3-612-20331-2. Allen zu empfehlen, die das Pendeln systematisch und auf unkomplizierte Weise lernen wollen.

*"Pilger Mu"* einer wie du und ich, von Alex Ignatius, Edition Schangrila, ISBN 3-924624-54-2. Comic-Strips aus denen Du mehr über spirituelle Entwicklung lernen kannst, als aus zehn normalen Wälzern. Lache darüber und nimm es ernst.

*"Das Reiki-Handbuch"* von Walter Lübeck, Windpferd Reihe Schangrila, ISBN 3-89385-064-3. Eine ausführliche praxisorientierte Anleitung für die Reiki-Arbeit. Grundlegende Behandlungsmethoden, Reiki-Arbeit mit Edelsteinen und Düften, Reiki-Meditationen und ein umfassender Teil zum Nachschlagen, welche Reiki-Handposition bei welchen Symptomen besonders wirksam sind. Sehr schön illustriert von Roland Tietsch.

*"Die Reiki-Kraft"* von Paula Horan, Windpferd Reihe Schangrila, ISBN 3-89385-049-X. Ebenfalls sehr interessant. Sachlicher Stil und viele Anwendungsmöglichkeiten und Erklärungen sind hilfreich für den Umgang mit Reiki.

*"Reiki mit Edelsteinen"* von Ursula Klinger-Raatz, Windpferd Reihe Schangrila, ISBN 3-89385-067-8. Edelsteintherapie und Reiki werden in diesem Buch in neuer Weise verknüpft. Interessante Ergänzung mit vielen Anregungen zur Reiki-Arbeit mit Edelsteinen.

*"Reiki - Universale Lebensenergie"* von Bodo J. Baginski und Shalila Sharamon, Synthesis Verlag, ISBN 3-922026-35-4. Das erste deutschsprachige Buch über Reiki, das veröffentlicht wurde. Sehr lesenswert. Es kommt eine Menge Atmosphäre rüber, viele Denkanregungen und Informationen (etwa über psychosomatische Zusammenhänge) werden vermittelt.

*"Runen"* von Ralph Blum, Hugendubel Verlag, ISBN 3-88034-274-1. Ein einfaches, solides Orakelsystem.

*"So lernt man, sich selbst zu lieben"* von Josef Kirschner, Knaur-Verlag, ISBN 3-426-07743-4. Wer sich selbst nicht liebt, kann auch andere nicht lieben. In diesem Buch geht es ganz praktisch darum, die Hindernisse zu entdecken und aufzulösen, die der Liebe im Wege stehen.

*"Stell Dir vor"* von Shakti Gawain, Sphinx Verlag, ISBN 3-85914-215-1. Gut verständliche Anleitung zur Anwendung von Affirmationen zur Heilung und Selbstverwirklichung.

*"Tantra für den Westen"* von Marcus Allen, rororo Sachbuch, ISBN 3-49918-392-7. Ein ganzes Buch über Lebenslust auf allen Ebenen. Mit vielen bewußtseinsfördernden Übungen und Denkanstößen. Keine Sex-Fibel.

*"Tantra - Weg der Ekstase"* die Sexualität des neuen Menschen von Margo Naslednikov, Herzschlag im Verlag Simon + Leutner, ISBN 3-922389-18-X. Kein leichtes Buch. Aber eins, das sehr umfassend und praktisch auf die Wiederentdeckung und Entwicklung der Sinnlichkeit eingeht. Interessant für die Reiki-Arbeit mit dem 1. Grad.

*"Tao Yoga"* von Mantak Chia, Ansata Verlag, ISBN 3-7157-0076-9. Anatomie und praktische Übungen zur Erfahrung des menschlichen Energiesystems. Wichtige Grundsatzinformationen zu lebensenergetischen Prozessen.

*"Das Tibetische Totenbuch"* ein Wegweiser der Menschheit, von W.Y. Evans-Wentz, Walter-Verlag, ISBN 3-530-88000-0. Was ist der Tod und was passiert danach? Was passiert, wenn eine Seele sich für die Wiedergeburt entscheidet?

*"Triffst du Buddha unterwegs....."* Psychotherapie und Selbsterfahrung von Sheldon B. Kopp, Fischer Taschenbuch Verlag, ISBN 3-596-23374-7. Eine sensible Aufarbeitung der Beziehung Therapeut-Patient und des psychotherapeutischen Prozesses.

*"Das Vaterunser"*, *die Entwicklung des Menschen im Lichte des Evangeliums,* von Alexander Gosztonyi, Windpferd, ISBN 3-89385-216-6. Nicht nur für Christen eine spannende Lektüre. Ein dicker Wälzer über so ein kurzes Gebet? Endlich mal erklärt jemand den tieferen Sinn des Gebetes der Gebete, das Jesus seinen Jüngern als Standardtext für alle Gelegenheiten gab.

Wichtig zum Verständnis der Lebensregeln und für den 3. Grad.

*"Verzaubernde Düfte"* von Monika Jünemann, Windpferd Reihe Schangrila, ISBN 3-89385-017-1. Grundsätzliches über die Aromatherapie der Psyche.

*"Wege auf Wasser und Feuer"* von Klaus Haetzel, Econ Taschenbuch Verlag, ISBN 3-612-23029-8. Ein Buch über praktische Erfahrungen mit Huna und dem Herauswachsen aus Krankheiten.

*"Die Wurzel der Kraft"* Chakras – die Kraft der Lotosblumen von Werner Bohm, o.W. Barth Verlag. Etwas trocken aber sehr nützlich als Basiswissen über die Chakren.

*"Die Wurzel des Yoga"* von Patanjali, Otto Wilhelm Barth Verlag. Das grundlegende Buch über Yoga überhaupt.

*"Die Wurzeln des Zufalls"* von Arthur Koestler, Suhrkamp Taschenbuch Verlag, ISBN 3-518-06681-1. Was Zufall eigentlich ist und warum uns Dinge "zufallen".

*"Zen in den Kampfkünsten Japans"* von Zen-Meister Taisen Deshimaru Roshi, Kristkeitz Verlag, ISBN-3-921508-04-5. Wissenswertes über Lebensenergie von einem, der eine Menge praktische Erfahrungen damit hat.

*"Zen ohne Zen-Meister"* von Camden Benares, Sphinx Medien Verlag, ISBN-3-85914-364-6. Erstklassiger Stoff zum Nachdenken über die Begrenzungen, die Du Dir selbst setzt. Respektlos und erleuchtet.

*"Zen und christliche Mystik"* von H.M. Enomiya-Lassalle, Aurum Verlag, ISBN 3-591-08236-8. Wenn Du wirklich mehr über Meditation, Erleuchtung und spirituelle Lebensgestaltung wissen willst, kannst Du Dich hier informieren. Besonders interessant für Menschen mit dem 2. oder 3. Grad.

*"Zen und die Kunst ein Motorrad zu warten"* von Robert M. Pirsig, Fischer Verlag, ISBN 3-596-22020-3. Zen im Alltag. So normal, daß Du die Zen-Lehren sogar als Helfer beim Frühjahrsputz verwenden kannst. Wichtig für die Reiki-Arbeit in allen Graden.

# WINDPFERD-MUSIK

Tim Wheater
**Green Dream - Before the Rains**
CD DM 38,-   ISBN 3-89385-715-X
MC DM 28,-   ISBN 3-89385-716-8

Sehr gefühlvolle Kompositionen, melodiös, sehnsuchtsvoll, getragen von Tim Wheaters meisterhaftem Flötenspiel.

zum entspannen, zuhören inspirieren, meditieren, verlieben, tagträumen und einfach wohlfühlen

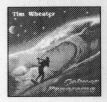

Tim Wheater
**A Calmer Panorama**
CD DM 38,-   ISBN 3-89385-713-3
MC DM 28,-   ISBN 3-89385-714-1

Hervorragende Flötenkompositionen mit Naturklängen, traumhafte Melodien zum tagträumen und entspannen.

Marianne Uhl / B. und A. Bauer
**Musik für das Wurzel-Chakra**
CD DM 29,80,   ISBN 3-89385-712-5

Spezielle Musikkomposition zur Stimulierung des Wurzel-Chakras (ca. 30 Min)

Marianne Uhl / B. und A. Bauer
**Musik für das Nabel-Chakra**
CD DM 29,80,   ISBN 3-89385-711-7

Spezielle Musikkomposition zur Stimulierung des Nabel-Chakras (ca. 30 Min.)

Marianne Uhl / B. und A. Bauer
**Musik für das Herz-Chakra**
CD DM 29,80,   ISBN 3-89385-710-9

Spezielle Musikkomposition zur Stimulierung des Herz-Chakras (ca. 30 Min.)

Tänzer´s Traum
**Tanzende Blätter**
CD DM 38,-   ISBN 3-89385-702-8
MC DM 28,-   ISBN 3-89385-703-6

Akustische Musik mit Gitarre, Geige, Flöten, Bass., Klangschalen, Glockenspiel etc. Teils lebhafte, lebendige, teils ruhige Melodien. (Spieldauer ca. 45 Min)

Tänzer´s Traum
**Nachtflug**
CD DM 38,-   ISBN 3-89385-704-4
MC DM 28,-   ISBN 3-89385-705-2

Ruhige, meditative akustische Musik, teils mit orientalischen Instrumenten wie Klangschalen, Tempelglocken, Röhrenglocken u.a. (Spieldauer ca. 46 Min)

Tänzer´s Traum
**Sternblüten**
CD DM 38,-   ISBN 3-89385-706-0
MC DM 28,-   ISBN 3-89385-707-9

Melodiöse akustische, meditative Musik mit Geige, Gitarre, Flöten, Klangschalen, Saxophon, Bass, Darbouka, Shakuhachi und Glocken. (Spield. ca. 56 Min)

**WINDPFERD MUSIK IST IM BUCHHANDEL ERHÄLTLICH**

Dr. Paula Horan

# Die Reiki Kraft

**Das Handbuch für persönliche und globale Transformation**

Reiki ist die von einem Reiki-Meister durch Initiation erweckte universale Lebenskraft, eine Kraft, die Teil eines globalen Energienetzes ist, und die wir in uns entdecken und zur Wiederherstellung der ursprünglichen Harmonie aller Lebenserscheinungen einsetzen können. Paula Horan macht uns mit einer Reihe von Übungen vertraut, um Reiki unmittelbar, in jeder Situation und Begegnung anzuwenden.
Das Buch ist ein Basis-Werk, das Reiki auch im Zusammenhang mit der humanistischen Psychologie und esoterischen Überlieferung darstellt.

192 Seiten, DM 19,80
ISBN 3-89385-049-X

Marianne Uhl

# Chakra-Orgel (Set)

**Das vollständige Programm zur Aktivierung der Chakra-Energien**

Mit diesem System wird die Erfahrung der Chakren zu einem sinnlichen Erlebnis, zur universellen Erkenntnis.
Sieben Chakren, für jedes Chakra ein Set mit den speziellen Chakra-Schwingungen. Die Chakren werden erfahrbar durch auf das jeweilige Chakra abgestimmte Musik, eine Meditationsanleitung, einen Duft, einen Edelstein und eine Farbe.

Für jedes Chakra ist ein Set erhältlich.
Komplett mit Kassette, Edelstein, Duftöl und Buch DM 54,-, alle sieben Sets zusammen, DM 378,-- ISBN 3-89385-046-5

Ursula Klinger Raatz

# Reiki mit Edelsteinen

**Mit universaler Lebenskraft und den lichtvollen Kräften edler Steine zur ursprünglichen Harmonie finden**

Ursula Klinger-Raatz, Autorin des weltweit erfolgreichen Bestsellers »Die Geheimnisse edler Steine« verbindet in »Reiki mit Edelsteinen« zwei natürliche, heilsame Kräfte zu effekt-voller gemeinsamer Wirkung. Während Reiki - die universale Lebenskraft - körperliche und seelische Funktionen wieder in ursprüngliche Harmonie bringt, konzentrieren Edelsteine lichtvolle Kräfte und Farbschwingungen in den Chakren, deren uneingeschränkte Funktion für Vitalität und Wohlbefinden von ausschlaggebender Bedeutung ist.

160 Seiten, DM 19,80
ISBN 3-89385-067-8

Walter Lübeck

# Das Reiki Handbuch

**Von der grundlegenden Einführung zur natürlichen Handhabung. Eine vollständige Anleitung für die Reiki-Praxis**

Reiki bedeutet universale Lebenskraft. Mit der Reiki-Energie läßt sich das innere Selbst mit dem äußeren Wirken in Harmonie bringen.
Der Autor, Walter Lübeck, ist praktizierender und erfahrener Reiki-Meister und schreibt aus langjähriger praktischer Erfahrung.
Im »Reiki-Handbuch« werden die Geheimnisse und die Anwendungsmöglichkeiten dieser subtilen Heilkraft, und wie man sie erlangen kann, umfassend beschrieben. Es ist ebenso ein einführendes Werk wie ein detailgenaues Lehrbuch für den eingeweihten Reiki-Praktizierenden.

256 Seiten, DM 24,80
ISBN 3-89385-064-3